최신판

중국어능력시험

新CPT®

기출문제집 ②

중국언어연구소 출제 / 총괄감수 **김현철** 교수

문하영 해설

문제집

시사중국어사

감수

김현철

  연세대학교 중어중문학과 교수
  중국언어연구소 소장
  한국중국어교육학회 부회장
  한국중국어언학회 부회장 겸 편집위원장
  중국어문학연구회 기획이사

해설

문하영

  중국해양대학교 중국어과 졸업
  청도대학교 CLS과정 수료
  前 시사중국어학원 종로캠퍼스 新HSK5급 전임강사
  前 YBM 강남캠퍼스 新HSK 5, 6급 강의
  前 우리은행 新HSK 5급 강의
  前 SK E&S 중국어 강의
  前 동원 F&B 중국어 강의
  前 국제식품박람회 동시통역 및 기업체 번역 다수
  前 WM엔터테인먼트 강의

중국어능력시험 新CPT 기출문제집 2

초판발행	2014년 10월 20일
1판 3쇄	2017년 1월 25일

출제	중국언어연구소
감수	김현철
해설	문하영
펴낸이	엄태상
책임 편집	최미진, 전유진, 가석빈, 이경민, 王鶴凝, 박은경
디자인	진지화
마케팅	이상호, 오원택, 이승욱, 전한나, 박나연
온라인 마케팅	김마선, 심유미, 유근혜

펴낸곳	시사중국어사
주소	서울시 종로구 자하문로 300 시사빌딩
주문 및 교재문의	1588-1582
팩스	(02)3671-0500
홈페이지	www.sisabooks.com
이메일	sisachinabook@hanmail.net
등록일자	1988년 2월 13일
등록번호	제1 - 657호

ISBN 979-11-5720-010-8 13720

구성

중국어실용능력시험
CPT®

Chinese Proficiency Test

- 청해문제　1~ 50.　500 점　40 분.
- 독해문제　51 ~100.　500 점　50 분.

수험번호	
한글이름	
영문이름	

주의

1. 시험 개시의 지시가 있을 때까지는 문제지를 열지 마십시오.

2. 이 문제지는 시험이 끝나면 시험관에게 반드시 제출하여 주십시오.

3. 이 문제지는 모두 40 페이지로 구성되어 있습니다.

4. 이 문제의 저작권은 중국언어연구소가 가지고 있으며, 이 문제의 전부 혹은 일부의 무단복제 및 전재는 법률로 금하고 있습니다.

第一部分

根据试卷上的照片，从 A、B、C、D中选择一个正确答案。

好，先练习一下。

（例）

正确答案是C。
这是例题，不用写答案。从第1题开始，请把答案写在答卷上。
现在开始。

1.

2.

中国移动 E   16:43   69%
通用   关于本机
应用程序   30
总容量   13.6 GB
可用容量   6.0 GB
版本   5.0.1 (9A406)
运营商   中国移动 11.0
型号   MD235ZP
序列号   C39H6SDXDTC0
Wi-Fi 地址   0C:77:1A:D2:8C:A3
蓝牙   0C:77:1A:D2:8C:A4
IMEI   01 305000 000770 8

3.

4.

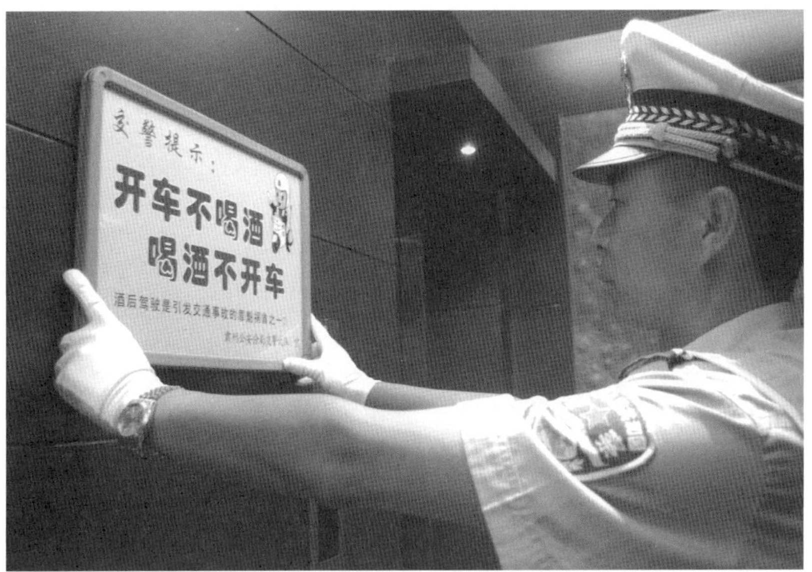

5.

莱 山
Laishan
500m ↗
前方封闭,请
从本收费站
下高速
40 前方 500 m
道路封闭

6.

南京路小学语文、数学
新课标测试

7.

8.

9.

10.

第二部分

从 A、B、C、D中选择一个正确答案，完成对话。

先练习一下。

（例）

正确答案是 C。

这是例题，不用写答案。

从第11题开始，请把答案写在答卷上。

好，现在开始。

11.　请在 A、B、C、D中选择唯一正确的选项。

12.　请在 A、B、C、D中选择唯一正确的选项。

13.　请在 A、B、C、D中选择唯一正确的选项。

14.　请在 A、B、C、D中选择唯一正确的选项。

15.　请在 A、B、C、D中选择唯一正确的选项。

16.　请在 A、B、C、D中选择唯一正确的选项。

17.　请在 A、B、C、D中选择唯一正确的选项。

18.　请在 A、B、C、D中选择唯一正确的选项。

19.　请在 A、B、C、D中选择唯一正确的选项。

20.　请在 A、B、C、D中选择唯一正确的选项。

第三部分

听对话，从 A、B、C、D中选择一个正确答案。

先练习一下。

（例）

A　一层

B　六层

C　七层

D　三层

正确答案是B。

这是例题，不用写答案。

从第21题开始，请把答案写在答卷上。

好，现在开始。

21.　　A　展销会　　　　　　　　B　电影院
　　　　C　女的的新家　　　　　D　女的的办公室

22.　　A　电脑　　　　　　　　　B　玩具
　　　　C　瓷器　　　　　　　　　D　布匹

23.　　A　见到女的的老板　　　　B　见到女的的同事
　　　　C　参加会议　　　　　　　D　参观样品室

24.　　A　三七折　　　　　　　　B　九三折
　　　　C　七折　　　　　　　　　D　三折

25.　　A　太低　　　　　　　　　B　太高
　　　　C　不高不低　　　　　　　D　有点偏离了中心

26.　　A　是收费的　　　　　　　B　是免费的
　　　　C　会和目录一起邮寄出去　D　女的不需要

27.　　A　25块　　　　　　　　　B　50块
　　　　C　75块　　　　　　　　　D　80块

28.　A　去承认错误　　　　　　B　辞职
　　　C　跑步　　　　　　　　　D　把腿抬起来

29.　A　三个　　　　　　　　　B　一个
　　　C　两个　　　　　　　　　D　七个

30.　A　参加会计考试　　　　　B　应聘
　　　C　相亲　　　　　　　　　D　介绍工作

31.　A　想睡觉　　　　　　　　B　想出去旅游
　　　C　工作压力大　　　　　　D　不喜欢睡觉

32.　A　从这里去博物馆需要10分钟
　　　B　博物馆附近有一个很大的广场
　　　C　女的想和男的一起去博物馆
　　　D　博物馆是一个大广场

33.　A　被辞退了　　　　　　　B　主动辞职了
　　　C　很喜欢吃鱿鱼　　　　　D　去卖鱿鱼了

34.　A　好了很多　　　　　　　B　好了一点儿
　　　C　不如以前了　　　　　　D　和以前差不多

35.　A　只买一分钱的货物　　　B　那件货物只值一分钱
　　　C　贵有贵的道理　　　　　D　货物不能这么便宜

第四部分

一边听短文或者长对话，一边看问题。每段短文有1到5个问题。
从 A、B、C、D中选择一个正确答案。

先练习一下。

（例）

1. 短文中没有说到什么东西？

    A 生活用品

    B 书

    C 食品

    D 邮票

2. 这里的"关门"是什么意思？

    A 关上门

    B 商店不能开门

    C 晚上不能开门

    D 停止营业

第一个问题的正确答案是 B，第二个问题的正确答案是 D。

这是例题，不用写答案。

从第36题开始，请把答案写在答卷上。

好，现在开始。

36. A 皮肤过敏了   B 不喜欢南方
    C 是来南方旅游的   D 不喜欢洗澡

37. A 矿泉水   B 火柴
    C 打火机   D 唇膏

38. A 需要先付货款
    B 可以收到货物后再付款
    C 一个星期可以有条件退货
    D 不承担运费

39. A 是厦门海沧区的职工   B 是从正安县离家出走的
    C 是河南省光山县人   D 已经结婚了

40-41.
40. A 湖南卫视   B 金鹰卡通卫视
    C 韩国MBC电视台   D 变形记

41. A 5位   B 6位
    C 8位   D 10位

42-43.
42. A 去营业厅开通服务   B 缴纳证件
    C 购买SIM卡   D 保证金

43. A 17900卡   B Skype
    C 17901卡   D 山山卡

44-45.

44.   A 视力   B 食欲
        C 脑神经发育   D 骨骼密度

45.   A 教育专家   B 心理专家
        C 内分泌科医生   D 育儿博士

46.   A 让脸上的油脂减少   B 让脸上的油脂增加
        C 减少油脂量流失   D 让皮肤外油内湿

47-48.

47.   A 一种   B 二种
        C 三种   D 四种

48.   A 是乘车人的而且是有效的
        B 不一定是乘车人的但是必须是有效的
        C 必须是乘车人的但不一定是有效的
        D 不一定是乘车人的也不一定是有效的

49.   A 一个   B 两个
        C 三个   D 四个

50.   A 技术   B 情绪
        C 运气   D 天气

听力测试到此全部结束。
全部考试还没有完，请从第五部分开始继续往下做。

从 A、B、C、D四个选项中选择最合适的一个填在横线上。

51. 他的自行车____小偷偷走了，所以他只好走路回家了。

    A 被   B 使   C 把   D 请

52. 小时候家里穷，一家六口人，就____________，更别说吃饭了。

    A 喝汤成问题   B 连喝汤都成问题
    C 甚至喝汤都成问题   D 喝汤还成问题

53. 这孩子很害羞，在外边说话脸红，连在餐厅点菜____脸红。

    A 就   B 都   C 却   D 而

54. 必须在九月十号以前来，_______你就不能参加这次活动。

    A 因此   B 然后   C 于是   D 否则

55. 我看了他的信，字里行间都流露出发____内心的喜悦。

    A 出   B 在   C 自   D 从

56. 他是很聪明，然而_______还是一个孩子，不能要求他什么都懂。

    A 根据   B 毕竟   C 甚至   D 如何

57. 今天的报纸上报道了两_______令人吃惊的消息。

    A 篇   B 首   C 则   D 张

58. 在我的印象_______，它是一个非常美丽又非常幽静的地方。

　　　A 内　　　　　　B 上　　　　　C 里　　　　D 边

59-60.

寻物启事

2011年11月13号下午一点多，我从江大五号门乘车去汤湖公园游玩，不小心遗失一部诺基亚5233白色的手机在出租车上。可能您捡到了想要为我_____几天，让我着急，记住这次教训，好改掉这粗心的毛病，但我已经接受了这次教训。您如若拾到，请还给我，我将当___感谢。

59.　A 保护　　B 保藏　　C 保管　　D 保用

60.　A 场　　　B 时　　　C 面　　　D 年

下面给出的每组词语按照顺序都可以组成一个句子，请选择最恰当的顺序。

61.　A　这些建筑物已有百年的历史上了。

　　　B　这些建筑物已有上百年的历史了。

　　　C　这些建筑物上已有百年的历史了。

　　　D　这些建筑物已有百年上的历史了。

62.　A　今天差我迟到了一点儿。

　　　B　今天一点儿我迟到差了。

　　　C　今天我差一点儿迟到了。

　　　D　今天我了迟到差一点儿。

63.　A　已经实习了开始吗？

　　　B　已经开始实习了吗？

　　　C　已经了实习开始吗？

　　　D　开始已经实习了吗？

64.　A　你就一个人在住这儿吗？

　　　B　你就住一个人在这儿吗？

　　　C　你一个人住就在这儿吗？

　　　D　就你一个人住在这儿吗？

65.　A　我一个跟合租了朋友这套房子。

　　　B　我跟朋友一个合租了这套房子。

　　　C　我跟一个朋友合租了这套房子。

　　　D　我这套房子跟合租了一个朋友。

66. A 通讯录的信息还不全。

    B 通讯录信息的还不全。

    C 信息不全通讯录还的。

    D 信息的不全通讯录还。

67. A 你要不要去明天跟我们一起划船。

    B 你明天跟我们一起要不要去划船。

    C 你明天要不要跟我们一起去划船。

    D 你明天要不要去划船跟我们一起。

68. A 我们公司的小王歌唱得特别好。

    B 我们公司唱得小王的歌特别好。

    C 我们公司唱得歌小王的特别好。

    D 我们公司的歌唱得小王特别好。

69. A 几个报告还要修改那份小地方。

    B 那份报告几个小地方还要修改。

    C 那份小地方还要修改几个报告。

    D 几个小地方还要修改那份报告。

70. A 有一家饭馆的很不错做得菜。

    B 有一家饭馆的菜很不错得做。

    C 有一家做饭馆的菜很不错得。

    D 有一家饭店的菜做得很不错。

请选出与下面各段文字或图片上的内容一致的一项。

71.

   A 璞丽酒店的房子每平方米99元。

   B 99元一间的房价只有冬天才有。

   C 99元的房价是普通房价。

   D 该酒店的房价一律都是99元。

72.

   A 持票人可以随便坐在任何位置。

   B 电影8点9分开始。

   C 本电影票只能看本场电影。

   D 电影票是在19点30分买的。

73.

合格证

品牌名称：以柔

产品名称：男装休闲反领针织短袖衫
产品等级：一等品
执行标准：(1) FZ/T 73020-2004
　　　　　：(2) GB 18401-2003
　　　　　（直接接触皮肤类）
成份含量：100%棉

质检员　　：

企业名称：东莞市以柔集团有限公司
地　　　址：东莞市虎门镇镇第三工
业区
电　　　话：0769-85522027

A　本产品不是全棉的。

B　穿本产品的时候，里面可以不穿其他衣服。

C　本产品男女都可以穿。

D　本产品的袖子应该可以遮盖住手。

74.

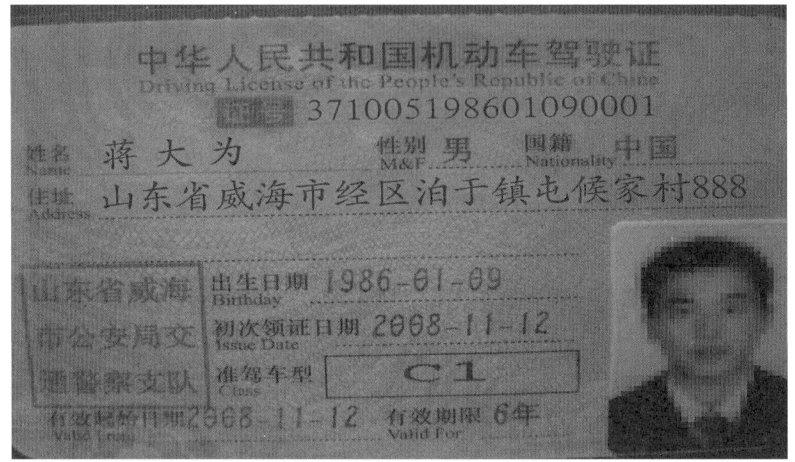

A 持证人已经开了6年车了。

B 持证人获得该证的日期是1986年1月9号。

C 持证人可以开车的资格是在2008年11月12号获得的。

D 该证5年后将失去效力。

75.

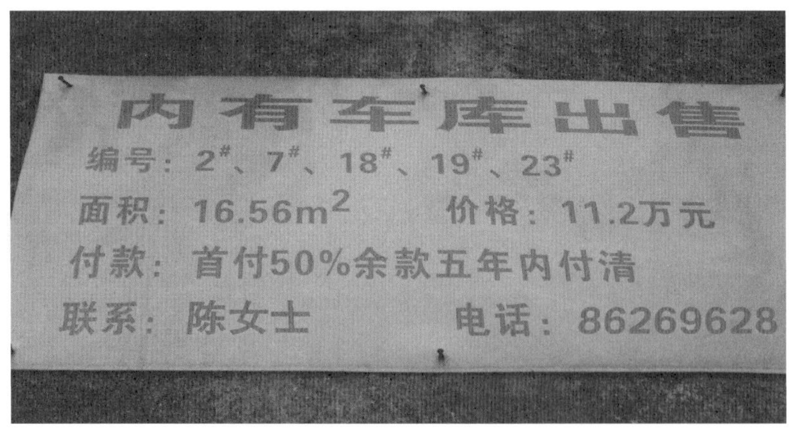

A 想购买车位应该先付11.2万元。

B 最大车位的面积是23平方米。

C 购买车位应该先付56000元人民币。

D 余款需要在五年内一次性付清。

76.

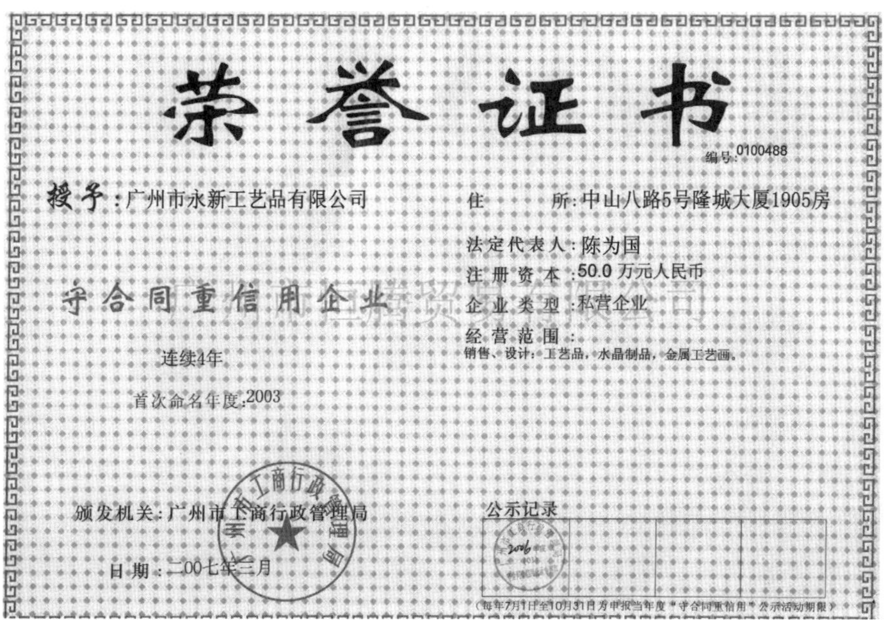

A 广州市永新工艺品有限公司于2007年被评为守合同重信用企业。

B 广州市永新工艺品有限公司于2003年被评为守合同重信用企业。

C 广州市永新工艺品有限公司于2002年被评为守合同重信用企业。

D 广州市永新工艺品有限公司于2009年被评为守合同重信用企业。

77.

A 要出租的房屋有四个卧室。

B 要出租的房屋在第七栋。

C 具体的价格可以面对面商量。

D 7楼一共95平米。

78.

A 国美将在3月25号到27号举办全国性甩卖活动。

B 此广告只限宿州路旗舰店一家。

C 降价的理由是仓库不够用。

D 降价的理由是仓库要进行大扫除。

78.

招聘

少儿英语教师

◎ 热爱早教事业，有亲和力，性格开朗；

◎ 本科以上学历，英语口语纯正，语法正确。英语六级以上

（四级口语出众者亦可）

◎ 有感染力、组织能力、教育教学能力；

◎ 工作认真负责，待人礼貌，应变能力强，有强烈的团队合作意识；

◎ 有教育专业背景优先。男女不限。

现诚挚邀请您加入我们！
公司将为您提供优雅的办公环境、完善的培训计划、广阔的发展空间及优厚的
薪资福利待遇。

A 应聘者必须为英语六级以上。

B 英语四级以上的人，如果口语好也可以应聘。

C 必须有教育专业背景。

D 本广告招聘的教师的教授对象是中学生。

80.

> 本人于2013年9月19日的预产期，经医生建议，定于2013年8月
>
> 31日提前待产，特从2013年8月31日开始请假，期限为150天，
>
> 请领导予以批准，谢谢！
>
> 申请人：张馨雨
>
> 2013年8月16日

A　请假人请假的原因是公司停产。

B　请假人请假的原因是要生孩子。

C　请假人请假的原因是要结婚。

D　请假人请假的原因是准备工厂的生产。

81.

A　接好水枪头以后要报警。

B　出水后的水带最后需要放回原来的位置。

C　逆时针旋转消火栓阀门是打不开水阀的。

D　出水后的水带可以直接整理。

具体日程安排

时　间	内　容
4 月 13 日-19 日	向省招考院提报审核 2012 年学院单独招生章程，并向社会公布，开展宣传工作。考生登录学院网站单独招生专栏进行网上报名（学院网址：http://www.qtc.edu.cn）。
4 月 20 日	考生资格审核，确定参加考核的考生名单。
4 月 21 日	网上公布符合条件的考生名单。
4 月 29 日	考生现场确认，领取准考证。时间：8：30-17：00，地点：青岛市黄岛区钱塘江路 369 号。
4 月 30 日	考核工作
5 月 4 日-9 日	向省教育招生考试提报录取考生成绩库。拟录取库，同时在学院校园网上公示拟录取名单。
5 月 15 日后	发放录取通知书

A　考生从4月20号开始可以在网上查询自己是否在考生名单中。

B　报名截至日期是4月20号。

C　考生应该去青岛市黄岛区钱塘江路369号领取准考证。

D　考生可以在5月15号当天拿到录取通知书。

83.

A 本产品不标注生产日期。

B 打开后，直接吃就可以了，不用再做加工。

C 本产品还没有获得标准认可。

D 本产品不辣。

84.

持卡须知

1.非会员消费累积500元，可办理会员卡；或直接30元支付购买会员卡。

2.会员持会员卡可享受美魅坊连锁店商品原价的7.5折优惠。

3.美魅坊连锁店采取会员卡积分制，会员在本连锁店消费一元为一分，按折后价兑现积分，
会员所积累的积分可折成现金券在本连锁店购买任何商品，50积分折成一元现金券。

4.美魅坊连锁店促销期间，部分产品高于七五折以七五折为准，低于七五折以促销价为准，
均不重复打折。

5.会员卡只限本人使用。

6.美魅坊连锁店属深圳市依尚贸易公司(WWW.YISA.CN)旗下形象店，公司保留解释权。

A 支付500元可以直接购买会员卡。

B 本卡可以多人一起使用。

C 兑现积分时应该按照原价兑换。

D 积分可以折成现金消费。

85.

"小蜂王"纯蜂蜜是精选天然荆花蜂蜜、洋槐蜂蜜、油菜蜂蜜精制而成的纯天然食品，里面不含任何添加剂，长期服用有益身体健康。

生产日期：见标贴或瓶盖　　保质期：24个月
执行标准：符合GB18796-2014强制性要求
生产许可证号：QS420926010079
配料：洋槐蜂蜜、荆花蜂蜜、油菜蜂蜜。
产地：湖北孝感　　　　质量等级：一级品
食用方法：直接食用或涂抹食品，调入温水、牛奶、绿豆汤、粥中饮用，也可凉拌蔬菜水果。
贮存方法：置阴凉干燥处密封保存
注意事项：请勿沸水冲饮（60度以下），以免破坏营养，如有白色沉淀属蜂蜜结晶，请放心食用
生产商：湖北小蜂王蜂业食品有限公司
地　　址：湖北省孝感市云梦县道桥
销售电话：0712-3249277/3238607

A　本产品添加剂对人体无害。

B　食用时可以用开水冲饮。

C　本产品变质的话，可以出现白色结晶。

D　本产品保质期为2年。

第八部分

阅读下列短文，然后从 A、B、C、D 四个答案中选择一个最合适的。

86.

十二生肖的说法源于干支纪年法，传说产生于夏，但没有确凿的证据。可以考证的是，至少在汉代，十二生肖与地支的相配体系已经固定下来了。在汉代以前，我国还没有真正意义上的家猫，无论是《礼记》中所说的山猫，还是《诗经》中"有熊有罴，有猫有虎"的豹猫，都是生活在野外的野生猫。我们今天饲养的家猫的祖先，据说是印度的沙漠猫。印度猫进入中国的时间，大约是始于汉明帝，那正是中印交往通过佛教而频繁起来的时期。因此，猫来到中国的时间，距离干支纪年法的产生，恐怕已相差千年了，所以来晚了的猫自然没有被纳入十二生肖中。

猫为什么没有进入十二生肖中？

    A 因为是山猫
    B 因为是印度猫
    C 因为十二生肖比家猫产生得早
    D 因为汉代还没有猫这种动物

87.

聘任制公务员是指机关与拟聘人员按照平等自愿、协商一致的原则，通过签订聘任合同明确双方权利、义务而任命的公务员。其特点是：合同管理、平等协商、任期明确。根据公务员法规定，实行聘任制的是机关专业性较强的职位和辅助性职位。聘任制公务员要按照公务员法和聘任合同进行管理。不实行公务员法有关录用、职务任免、职务升降、交流、辞退、申诉和工资福利等规定，其聘任年限、职位职责要求，工资、福利、保险待遇，违约责任以及聘任合同变更、解除、终止的条件由聘任合同规定。

关于聘任制公务员正确的是：

    A　通过国家公务员录用考试后聘任的
    B　一般都是专业性较强和辅助性职位
    C　不必按照公务员法进行管理
    D　没有福利和保险

88-91.

考勤制度

一、为加强考勤管理，维护工作秩序，提高工作效率，特制定本制度。

二、公司员工必须自觉遵守劳动纪律，按时上下班，不迟到，不早退，工作时间不得擅自离开工作岗位，外出办理业务前，须经本部门负责人同意。

三、周一至周六为工作日，周日为休息日。公司机关周日和夜间值班由办公室统一安排，市场营销部、项目技术部、投资发展部、会议中心周日值班由各部门自行安排，报分管领导批准后执行。因工作需要周日或夜间加班的，由各部门负责人填写加班审批表，报分管领导批准后执行。节日值班由公司统一安排。

四、严格请、销假制度。员工因私事请假1天以内的（含1天），由部门负责人批准；3天以内的（含3天），由副总经理批准；3天以上的，报总经理批准。副总经理和部门负责人请假，一律由总经理批准。请假员工事毕向批准人销假。未经批准而擅离工作岗位的按旷工处理。

五、上班时间开始后5分钟至30分钟内到班者，按迟到论处；超过30分钟以上者，按旷工半天论处。提前30分钟以内下班者，按早退论处；超过30分钟者，按旷工半天论处。

六、1个月内迟到、早退累计达3次者，扣发5天的基本工资；累计达3次以上5次以下者，扣发10天的基本工资；累计达5次以上10次以下者，扣发当月15天的基本工资；累计达10次以上者，扣发当月的基本工资。

七、旷工半天者，扣发当天的基本工资、效益工资和奖金；每月累计旷工1天者，扣发5天的基本工资、效益工资和奖金，并给予一次警告处分；每月累计旷工2天者，扣发10天的基本工资、效益工资和奖金，并给予记过1次处分；每月累计旷工3天者，扣发当月基本工资、效益工资和奖金，并给予记大过1次处分；每月累计旷工

3天以上，6天以下者，扣发当月基本工资、效益工资和奖金，第
二个月起留用察看，发放基本工资；每月累计旷工6天以上者
（含6天），予以辞退。

八、员工按规定享受探亲假、婚假、产育假、节育手术假时，必须凭
有关证明资料报总经理批准；未经批准者按旷工处理。员工病假
期间只发给基本工资。

88. 项目技术部节假日值班需要：
　　　A　办公室统一安排
　　　B　自己部门自行安排
　　　C　报总经理批准
　　　D　自己部门自行安排，报分管领导批准后执行

89. 请假事毕后应该怎么办？
　　　A　自动上班就可以了
　　　B　向批准人销假
　　　C　需要和副总经销假
　　　D　没有具体规定

90. 如果一个人迟到40分钟将会：
　　　A　按迟到论处
　　　B　按照旷工一天论处
　　　C　扣发5天工资
　　　D　扣发当天的基本工资、效益工资和奖金

91. 如果一个人一个月连续迟到50分钟两次，他将会：
　　　A　扣发当天的基本工资、效益工资和奖金
　　　B　扣发5天的基本工资、效益工资和奖金
　　　C　扣发5天的基本工资、效益工资和奖金，并给予一次警告处分
　　　D　扣发5天的基本工资、效益工资和奖金，并给予记大过一次处分

92-93.

中山大学总裁高级MBA精要课程研修班

单次的听课只能带来思想的短暂冲击，系统的学习才能让每一次的头脑风暴真正转化成促进企业发展的强劲推动力！校园、班级、同学——久违而温馨的情谊，冰冷的商业社会中温暖的一角：纯净的校园、蓬勃的班级体、质朴而浓厚的同学情谊，是您疲惫征途中修整身心、加油充电的驿站！

学习方式：一年，每月授课2－3天，周末上课

授课方式：10门核心课程＋6门专题课程＋5门选修课程＋企业家沙龙＋实地考察

上课地点：中山大学

学习证书：按教学计划修完全部课程者，可获得"中山大学总裁高级MBA精要课程研修班"结业证书。

费用标准：36900元/人（其中学费31400元，杂费5500元，含拓展训练费、教材资料费、午餐费等）

报名程序：

提交报名表、公司文字简介、大专以上学历证明，交纳学费，提交报名资料（身份证复印件、名片、背书姓名的大一寸彩照4张）

报名热线：020-84112015 13924278526 报名表传真：020-84111484

92. 缴纳36900元后可以：

    A 听10门核心课程+六门专题课程

    B 不用再缴纳教材资料费

    C 可以不用周末上课

    D 可以获得结业证书

93. 从上面的文字可以知道，报名者应该具备什么条件？

    A 必须为公司总裁

    B 必须四年制大学毕业

    C 必须具有大专或以上学历

    D 必须为中山大学学生

94-96.

祁尔康牌裕康茸参胶囊

本品是以茯苓，枸杞子，黄芪，人参，马鹿茸为主要原料制成的保健食品，经功能试验证明，具有延缓衰老，免疫调节的保健功能。

【主要原料】人参，马鹿茸，茯苓，黄芪，枸杞子

【功效成分及含量】每100g含：氨基酸5.30g，总皂甙1.34g

【保健功能】延缓衰老，免疫调节

【适宜人群】中老年人，免疫力低下者

【不适宜人群】少年儿童

【食用方法及食用量】每日两次，每次两粒

【规格】0.3g/粒*40粒/瓶

【注意事项】本品不能替代药物

【贮藏方法】室温，密封，避光，置阴凉干燥处

【保质期】24个月

【执行标准】Q/GQS001-2007

【批准文号】国食健字G20041122

【出品商】甘肃祁连山生物科技开发有限责任公司

【地址】肃南县红湾寺镇迎宾路16号

【经销商】成都润馨堂药业有限公司

【地址】成都市温江区成都海峡两岸科技产业开发园海科路西段

【生产卫生许可证号】川卫食证字(2006)第510000-000051号

【保健食品GMP证书号】川SG039

【网址】www.sczct.com

【全国免费咨询电话】800-846-8532

94. 什么样的人可以服用本品？

    A 小学生

    B 运动员

    C 老年人

    D 婴儿

95. 一瓶可以吃多久？

    A 10天

    B 20天

    C 40天

    D 一个月

96. 这种药是哪里生产的？

    A 成都市温江区成都海峡两岸科技产业开发园海科路西段

    B 肃南县红湾寺镇迎宾路16号

    C 四川祁连山生物科技开发有限责任公司

    D 温江市成都海峡两岸科技产业开发园海科路西段

97-100.

申请办理《北京市工作居住证》续签需提供的材料

拟申请续签《北京市工作居住证》人员在网上（人才引进工作居住证管理系统用户名登录填报）填报后需提供：

1. 企业法人营业执照［或事业单位法人证书、民办非企业单位登记证书（法人）、社会团体法人登记证书，外国(地区)、外埠在京设立的非法人分支机构营业执照]等原件及复印件。（复印件需加盖公章）

2. 与聘用单位签订的劳动合同（原件及复印件）；

3. 在京持证期间三年缴纳全部（每个月都不能少）个人所得税的完税证明原件（北京市地税局开据，加盖公章）（单位加盖公章，并注明"三年连续逐月缴纳"）；

4. 在京持证期间三年缴纳全部（每个月都不能少）社会保险（养老、失业、医疗、工伤）证明原件（社保中心开据）；

5. 《北京市工作居住证》原件；

6. 申请续签表两份；

7. 申请人员身份证原件及复印件（复印件需加盖公章）。

8. 诚信说明

9. 申请报告（介绍本单位的注册资本、员工规模、经营范围、上一年度营业收入、利润，介绍申请人学历学位学校专业情况，在本单位任职情况和对本单位的贡献，最近连续三年的个税缴纳情况和社保缴纳情况）．申请单位不能有拖欠职工保险的行为，一经查实，有虚报、瞒报的情况，取消该单位居住证办理业务。

97. 拟申请续签《北京市工作居住证》人员首先应该做什么？

    A 提交企业法人营业执照的复印件

    B 提交企业法人营业执照的原件

    C 提交与聘用单位签订的劳动合同的复印件

    D 在网上完成人才引进工作居住证管理系统用户名登录填报

98. 要缴纳的完税证明应该是：

    A 三年以上的

    B 须是北京市地税局开局的复印件

    C 所在单位应该在复印件上加盖公章

    D 原件上应该注明三年连续逐月缴纳

99. 从上文可以知道社会保险应该：

    A 包括养老、失业、医疗三项

    B 证明原件应该由所在单位开据

    C 证明原件可以去社保中心开

    D 北京市工作居住证原件已经注明

100. 提交材料时下面哪项的原件或者复印件不需要加盖公章？

    A 申请人的身份证

    B 申请人的《北京市工作居住证》

    C 申请人的个人所得税完税证明

    D 所在单位的法人营业执照

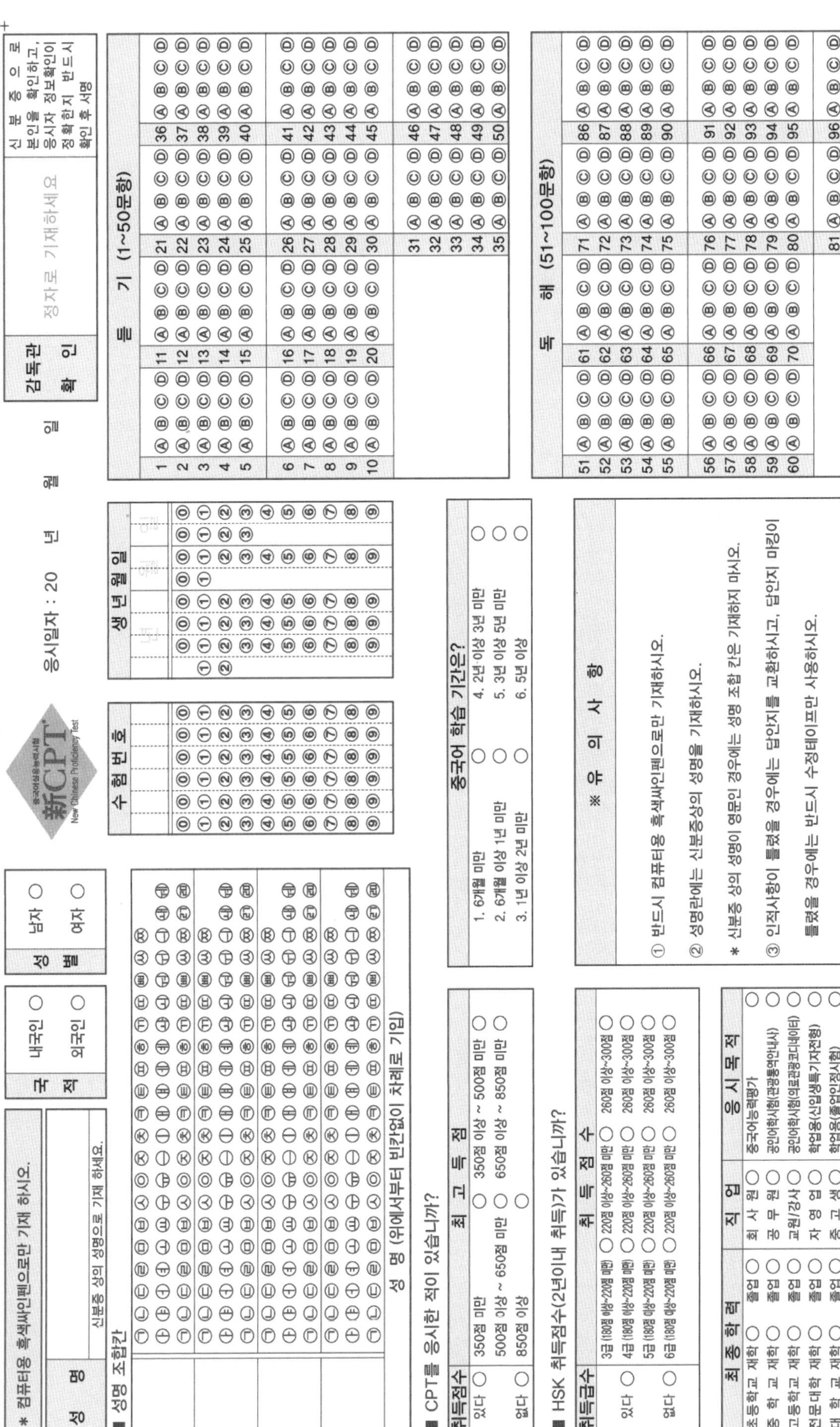

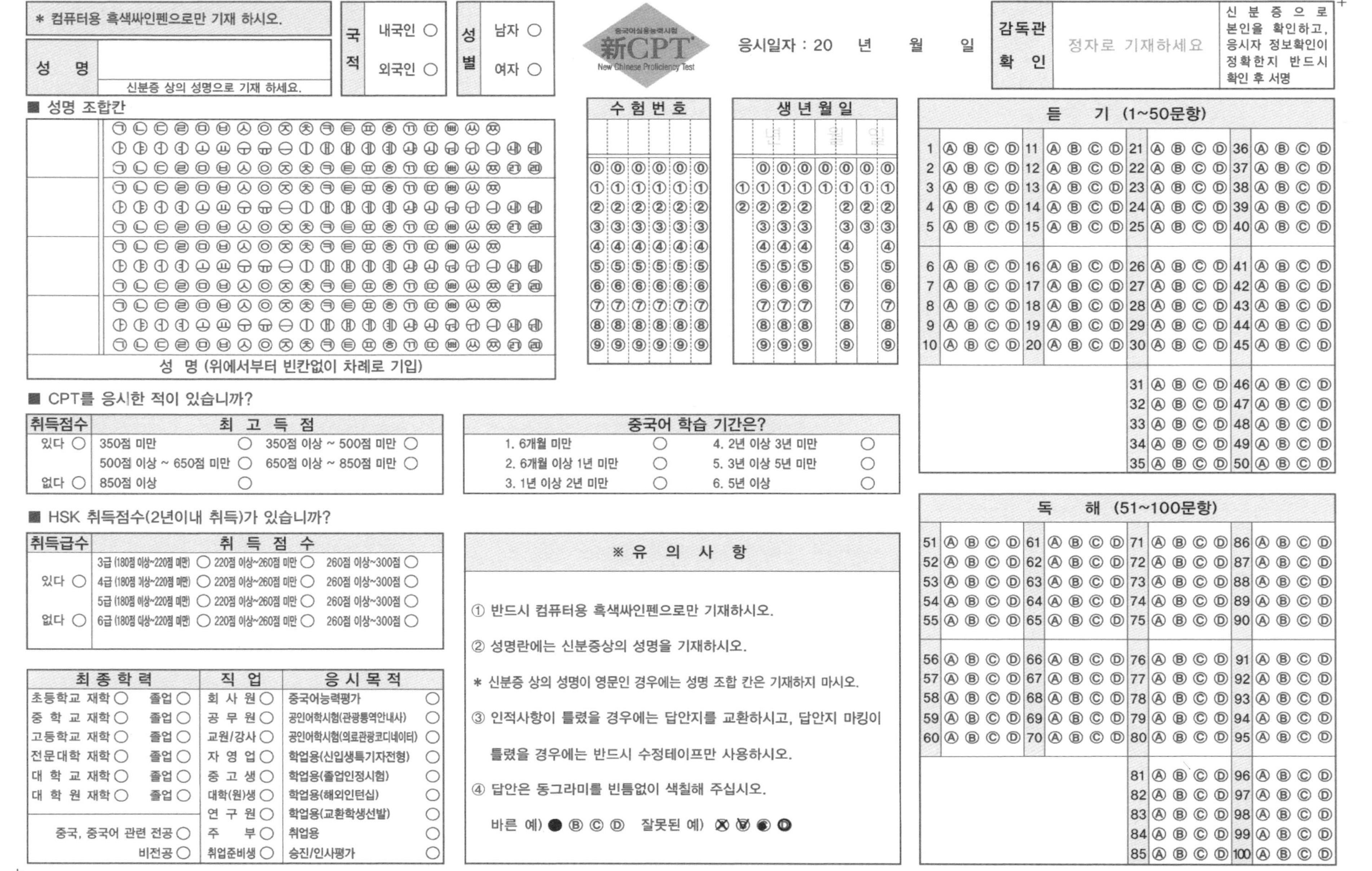
* 컴퓨터용 흑색싸인펜으로만 기재 하시오.
성 명
신분증 상의 성명으로 기재 하세요.
국 적   내국인   외국인
성 별   남자   여자
新CPT
중국어실용능력시험
New Chinese Proficiency Test
응시일자 : 20   년   월   일
감독관 확인
정자로 기재하세요
신분증으로 본인을 확인하고, 응시자 정보확인이 정확한지 반드시 확인 후 서명
■ 성명 조합칸
수 험 번 호
생 년 월 일
듣 기 (1~50문항)
성 명 (위에서부터 빈칸없이 차례로 기입)
■ CPT를 응시한 적이 있습니까?
취득점수   최 고 득 점
있다   350점 미만   350점 이상 ~ 500점 미만
500점 이상 ~ 650점 미만   650점 이상 ~ 850점 미만
없다   850점 이상
중국어 학습 기간은?
1. 6개월 미만   4. 2년 이상 3년 미만
2. 6개월 이상 1년 미만   5. 3년 이상 5년 미만
3. 1년 이상 2년 미만   6. 5년 이상
■ HSK 취득점수(2년이내 취득)가 있습니까?
취득급수   취 득 점 수
있다   3급(180점 이상~220점 미만)   220점 이상~260점 미만   260점 이상~300점
4급(180점 이상~220점 미만)   220점 이상~260점 미만   260점 이상~300점
5급(180점 이상~220점 미만)   220점 이상~260점 미만   260점 이상~300점
없다   6급(180점 이상~220점 미만)   220점 이상~260점 미만   260점 이상~300점
독 해 (51~100문항)
※ 유 의 사 항
① 반드시 컴퓨터용 흑색싸인펜으로만 기재하시오.
② 성명란에는 신분증상의 성명을 기재하시오.
* 신분증 상의 성명이 영문인 경우에는 성명 조합 칸은 기재하지 마시오.
③ 인적사항이 틀렸을 경우에는 답안지를 교환하시고, 답안지 마킹이 틀렸을 경우에는 반드시 수정테이프만 사용하시오.
④ 답안은 동그라미를 빈틈없이 색칠해 주십시오.
바른 예) ●   잘못된 예)
최 종 학 력   직 업   응 시 목 적
초등학교 재학   졸업   회 사 원   중국어능력평가
중 학 교 재학   졸업   공 무 원   공인어학시험(관광통역안내사)
고등학교 재학   졸업   교원/강사   공인어학시험(의료관광코디네이터)
전문대학 재학   졸업   자 영 업   학업용(신입생특기자전형)
대 학 교 재학   졸업   중 고 생   학업용(졸업인정시험)
대 학 원 재학   졸업   대학(원)생   학업용(해외인턴십)
연 구 원   학업용(교환학생선발)
중국, 중국어 관련 전공   주 부   취업용
비전공   취업준비생   승진/인사평가

중국어능력시험

新CPT®

기출문제집 ②

중국언어연구소 출제 / 총괄감수 **김현철** 교수
문하영 해설

해설집

시사중국어사

감수

김현철

연세대학교 중어중문학과 교수
중국언어연구소 소장
한국중국어교육학회 부회장
한국중국어언학회 부회장 겸 편집위원장
중국어문학연구회 기획이사

해설

문하영

중국해양대학교 중국어과 졸업
청도대학교 CLS과정 수료
前 시사중국어학원 종로캠퍼스 新HSK5급 전임강사
前 YBM 강남캠퍼스 新HSK 5, 6급 강의
前 우리은행 新HSK 5급 강의
前 SK E&S 중국어 강의
前 동원 F&B 중국어 강의
前 국제식품박람회 동시통역 및 기업체 번역 다수
前 WM엔터테인먼트 강의

중국어능력시험 新CPT 기출문제집 2

초판발행	2014년 10월 20일
1판 3쇄	2017년 1월 25일
출제	중국언어연구소
감수	김현철
해설	문하영
펴낸이	엄태상
책임 편집	최미진, 전유진, 가석빈, 이경민, 王鶴凝, 박은경
디자인	진지화
마케팅	이상호, 오원택, 이승욱, 전한나, 박나연
온라인 마케팅	김마선, 심유미, 유근혜
펴낸곳	시사중국어사
주소	서울시 종로구 자하문로 300 시사빌딩
주문 및 교재문의	1588-1582
팩스	(02)3671-0500
홈페이지	www.sisabooks.com
이메일	sisachinabook@hanmail.net
등록일자	1988년 2월 13일
등록번호	제1 - 657호

ISBN 979-11-5720-010-8 13720

新CPT
응시가이드

실용적인 커뮤니케이션 능력 측정/평가가 목표입니다.

중국어능력시험 新CPT는 중국어 학습자의 중국어 수준을 측정하기 위한 중국어 능력평가 시험입니다. 이는 학문적인 중국어 지식의 정도를 측정하기 위한 시험이 아닌, 언어 본래의 기능인 커뮤니케이션 능력을 측정하는 시험입니다. 문제는 주로 일상생활 정보 및 실제 비즈니스 업무 내용 위주의 문제가 출제되며, 현장에서 사용되는 커뮤니케이션 능력, 중국 현지 생활적응능력 등이 평가됩니다.

급수제의 단점을 극복한 점수제 평가방법을 채택합니다.

중국어능력시험 新CPT는 급수제가 아닌 점수제로 평가됩니다. 모든 응시자가 동일한 시험문제로 자신의 능력을 객관적으로 평가 받는 방식입니다. 따라서 실생활에서의 커뮤니케이션 능력이 정확하게 점수로 환산되며, 정확성/객관성/타당성에서 탁월한 시험입니다.

기업체나 학교에서 효율적인 인력관리가 가능합니다.

중국어능력시험 新CPT는 기업체에서는 정확한 평가로 인력관리가 가능해지고, 학교에서는 학사관리 및 전공자들의 중국어학습능력을 파악할 수 있습니다. 현재 중국어능력시험 新CPT는 국가기관 및 공기업, 대학교, 기업체의 입사/승진시험에서 사용되며, 전문대학협의회의 해외인턴쉽 대상자 선발시험으로 선정되어 사용되고 있으며, 대학 전공자의 중간고사, 기말고사 대체시험 및 논문 대체 시험으로 활용되고 있습니다.

국가공인자격시험의 어학점수로 인정되고 있습니다.

중국인들의 한국관광열풍이 불고 있는 요즘, 관광통역안내사, 국제의료관광코디네이터 자격시험에 대한 관심과 요구가 높아지고 있습니다. 중국어능력시험 新CPT는 관광통역안내사, 국제의료관광코디네이터 등 국가공인 자격시험의 어학점수로 인정되고 있습니다. 新CPT 점수 취득으로 중국어 실력을 검증 받을 수 있습니다.

듣기	청해부분은 크게 4가지 유형으로 나뉩니다.	
1	사진묘사	사진을 근거로 정답을 선택
2	이어질 대화문 찾기	올바른 문장을 선택하여 대화를 완성
3	회화문 듣고 대답하기	짧은 대화를 듣고 올바른 답을 선택
4	설명문 듣기	긴 문장을 듣고 정답을 선택

읽기	독해부분은 크게 4가지 유형으로 나뉩니다.	
5	빈칸 채우기	빈칸에 들어갈 알맞은 답을 선택
6	순서 배열하기	문장을 완성하기 위해 각 단어들을 알맞은 순서로 배열
7	짧은 문장 이해하기	문장의 내용 중 맞는 답을 선택
8	긴 실용문 이해하기	실용문을 읽고 적합한 답을 선택

구성	문제유형	문항수	배점	시간
듣기	사진묘사 이어질 대화문 찾기 회화문 듣고 대답하기 설명문 듣기	10 10 15 15	500점	40분
읽기	빈칸 채우기 순서 배열하기 짧은 문장 이해하기 긴 실용문 이해하기	10 10 15 15	500점	50분
계	8가지 유형	100	1000점	90분

新CPT	新HSK	평가 가이드라인
801점~	6급 (180~300점)	**중국인과 자유롭게 커뮤니케이션을 할 수 있음** – 자신의 경험 범위에서는 전문적인 분야의 화제에 대해서 충분한 이해와 적절한 표현이 가능함. – 중국인 정도는 아니지만 정확하게 어휘, 문형들을 사용할 수 있으며, 중국어를 유창하게 구사할 수 있는 능력을 갖춤.
651~800점	5급 (180~239점)	**비교적 적절한 커뮤니케이션을 할 수 있는 능력을 가지고 있음** – 일상적인 회화는 완전히 이해하고 있으며 응답도 빠름. – 문형을 사용함에 있어 다소 틀리는 부분이 있어도 의사소통에 지장을 줄 정도는 아님. – 화제가 특정분야에 치우치게 되어도 대응할 수 있는 능력을 가지고 있음. – 사업 설명 및 비즈니스 상담이 가능하고 단독으로 출장이 가능함.
501~650점	4급 (180~239점)	**일상생활에는 별다른 불편이 없으며, 한정된 범위 내에서는 업무상의 커뮤니케이션을 할 수 있음** – 복잡한 상황에서의 의사소통은 개인에 따라 잘하고 못하는 차이가 있음. – 기본적인 문법, 문형은 소화하고 있으며, 표현력은 부족해도 자신의 의사표시를 할 수 있을 만큼의 어휘력을 갖추고 있음. – 간단한 편지나 팩스 등은 사전 없이 읽거나 쓸 수 있으며 신청서에 필요사항을 기재할 수 있음. – 시찰 목적의 해외출장이 가능함.
351~500점	3급 (180~239점) 300점 만점	**일상생활에서 커뮤니케이션 할 수 있음** – 어휘/문형/문법에 있어서 불충분한 점이 많으나 중국인이 외국인으로서의 특별한 배려를 해주면 의사소통이 가능함. – 메모와 간단한 메시지를 남길 수 있음. – 중국 관광여행을 혼자서 할 수 있음.
201~350점	2급 (120~159점) 200점 만점	**최저한의 커뮤니케이션을 할 수 있음** – 쉬운 내용의 말을 알기 쉽게 천천히 얘기하면 부분적으로 이해할 수 있음. – 자기소개를 짤막하게 할 수 있으나 실질적인 의사소통은 안 됨. – 간단한 메모나 문장은 읽고 이해할 수 있음.

정기 시험
- ▶ **시험 시기** 연 6회 실시
- ▶ **응시 대상** 제한 없음
- ▶ **응 시 료** 42,000원 (특별 추가 접수 기간 10% 가산 적용)
- ▶ **접수 방법** 인터넷 접수
  1. 홈페이지 방문 (www.chinacpt.co.kr)
  2. 홈페이지 첫 화면 접수하기 또는 상단 메뉴 "新CPT정기시험"의 인터넷접수
  3. 비회원 접수 선택
  4. 시험정보 입력 후 사진 업로드
  5. 결제 진행 (온라인 입금, 카드결제)
  6. 접수확인 후 수험표 출력
  * 온라인 계좌 : 우리은행 1005-102-767094 ㈜중국언어연구소
    (응시자와 입금자가 틀릴 경우 02-737-1593으로 연락 주시기 바랍니다.)

시험 당일 고사장에 9시 50분까지 입실 완료해야 합니다.
- ▶ **응시자 지참물** 수험표, 신분증(주민등록증, 운전면허증, 기간만료 전의 여권, 청소년증, 외국인
  등록증)
  * 신분증 미지참시 입실불가, 시험에 응시할 수 없습니다.

▶ 성적통보 및 재발급
- 성적유효기간은 증명서 발급일로부터 2년입니다.
- 성적은 공지된 성적 발표일에 홈페이지(www.chinacpt.co.kr)를 통해 확인가능하며, 증명서는 발표
  일 오후 12시부터 홈페이지에서 출력 가능합니다.
- 성적표는 홈페이지에서 재출력이 가능합니다.

▶ 수시시험
- 기업, 학교, 관공서 등 소속이 동일한 단체가 신청할 경우, 응시단체가 원하는 장소 및 원하는 시간
  에 시행하고 있습니다.
- 시험 한 달 전, 시험을 접수하고 계약서를 작성합니다.
- 시험 10일전 시험 일시, 인원 및 장소를 확정합니다.
- 시험 3일전 응시 협조 공문을 보내고, 확정 응시인원을 통보하며, 응시료를 입금합니다.
  * 시험 3일전까지 최종 인원을 통보하며 이후에는 추가 및 취소가 불가합니다.
- 성적증명서는 시험 시행 2주 이내에 단체 담당자에게 일괄 송부합니다.
- 시험 접수 및 기타 문의는 02-737-1593으로 연락 주시기 바랍니다.

5 중국어능력시험 新CPT 활용

1) 新CPT로 취업하기

*** 2014년도 전라남도 지방공무원 임용시험 중국어 능력자 전형에 新CPT 포함**

新CPT 800점 이상의 성적을 취득하면, 중국어 능력자 전형을 통해 공개경쟁 9급 행정직에 지원
가능합니다.

행 정	일반행정 (중국어능력자)	**중국어 CPT** 800점 이상 또는 HSK 필기 6급 및 회화 고급병행 충족

www.jeonnam.go.kr (전라남도청)

*** 한국승강기안전기술원 직원 채용시 공인 어학성적으로 新CPT 인정**

*공인 어학성적은 TOEIC, TEPS, TOEFL, JPT, JLPT, **CPT**, HSK를 인정하며,
2011.4.1이후 응시하여 취득한 성적(증명)을 제출

www.kest.or.kr (한국승강기안전기술원)

*** (주)코레일관광개발 공개 채용시 공인어학성적으로 新CPT인정**

*공항철도 승무직
-외국어 : TOEIC Speaking, JLPT Speaking, HSK, **CPT** 등 레벨 6급우대

www.korailtravel.com (코레일관광개발)

*** 롯데호텔서울 인턴 채용시 공인어학성적으로 新CPT인정**

*자격요건
-외국어 : TOEIC 및 기타 외국어(TOEIC SPEAKING, OPIC, JPT, SJPT, 新HSK, **CPT**)

www.lottehotel.com (롯데호텔)

*** 부영그룹 사원 모집에 공인어학성적으로 新CPT인정**

*제출서류
- 최근 2년 내 실시한 외국어 능력평가 시험(TOEIC, JPT, **CPT**)제출

www.booyoung.co.kr(부영그룹)

*** 신라대학교 일반직 행정 지원 자격 영어와 중국어 평가 점수 보유자 제한**

新CPT 700점 이상이면 지원 가능합니다.

행 정	일반행정 (0명)	기준 2년 이내 취득한 어학 성적만 인정) - 중국어 : HSK 5급 195점 / **CPT 700점 이상**

www.silla.ac.kr (신라대학교)

* 그 밖에 다양한 분야와 직종에서 **CPT점수 채택 및 가산점 부여** , 자세한 사항은 CPT 블로그 http://blog.naver.com/cpttest 참고

2) 新CPT로 스펙쌓기

* 신한은행 중국법인 해외 주재원 선발시, 新CPT 점수 보유자 가산점

직원들이 사내 사이트를 통해 수시로 자신의 글로벌학점을 확인 할 수 있다. 매달 공인인증된 어학 성적표 제출로 자신의 글로벌 학점을 수시로 향상 시킬 수 있다. 어학 점수는 해당 국가별로 차등 적용 된다. 예컨데 중국법인의 경우 중국어 구사능력이 우선시 되고 <u>중국어능력시험</u>(CPT) 점수에 가산점이 붙는다.

(이투데이)

* 롯데그룹 사원들 '외국어 수준 향상'을 위해 매년 어학 성적표 제출

중국어 성적으로는 중국어능력시험 新CPT 등이 인정되며, 글로벌 인재 선발 시 참고자료로 활용되고 있습니다.

추석 연휴 직전인 15일 롯데백화점 사내 인트라넷을 통해 발송된 공문에 따르면 과장급 이상 간부사원은 올해 중 응시한 최소 1개 이상의 외국어 시험 성적표를 내년 2월 10일까지 제출해야 한다. 영어(토익), 일본어(JPT, JLPT), 중국어(HSK, CPT)를 비롯해 베트남어, 러시아어, 인도네시아어 등 롯데가 백화점과 마트를 통해 진출한 '브릭스(VRICs)'국가 언어도 포함된다. 11월에는 사내 시험도 치를 예정이다.

(동아일보)

3) 新CPT로 평가받기

* 각 대학에서 新CPT 성적으로 논문 대체 및 졸업인증시험 인정

대학교에서는 중국어능력시험 新CPT가 학생들의 중국어 능력을 평가하는 지표가 되고 있습니다. 학생들은 新CPT 성적을 제출하여 논문 대체, 졸업인증시험으로 인정받을수 있습니다.

* 해외 인턴십 지원 가능

전문대학에 재학 중인 학생들은 300점 이상 점수 취득 시 해외인턴십 지원이 가능합니다.

* 고교 교내 평가용, 취업, 대학 입학을 위한 어학시험으로 활용 가능

新CPT
해설 및 모범답안

一. 听力

第一部分

1. A	2. B	3. B	4. B	5. A
6. A	7. A	8. C	9. D	10. B

第二部分

11. C	12. C	13. B	14. A	15. C
16. B	17. D	18. C	19. B	20. A

第三部分

21. A	22. D	23. D	24. B	25. A
26. A	27. C	28. B	29. C	30. B
31. C	32. B	33. B	34. C	35. C

第四部分

36. A	37. D	38. B	39. D	40. C
41. D	42. C	43. B	44. A	45. C
46. B	47. C	48. A	49. D	50. C

二. 阅读

第五部分

51. A	52. B	53. B	54. D	55. C
56. B	57. C	58. C	59. C	60. C

第六部分

61. B	62. C	63. B	64. D	65. C
66. A	67. C	68. A	69. B	70. D

第七部分

71. B	72. C	73. B	74. C	75. C
76. B	77. C	78. B	79. B	80. B
81. B	82. C	83. B	84. D	85. D

第八部分

86. C	87. B	88. D	89. B	90. D
91. C	92. B	93. C	94. C	95. A
96. B	97. D	98. D	99. C	100. B

A, B, C, D 중 사진을 근거로 정답을 선택하세요.

예시 1 01

A 这个孩子在等汽车。	A 이 아이는 차를 기다리고 있다.
B 这个孩子在踢足球。	B 이 아이는 축구를 하고 있다.
C 这个孩子在打电话。	C 이 아이는 전화를 하고 있다.
D 这个孩子在吃东西。	D 이 아이는 음식을 먹고 있다.

해설 아이가 수화기를 들고 있는 것을 볼 수 있다. 따라서 정답은 C 这个孩子在打电话。(이 아이는 전화를 하고 있다)이다.

1. 02

A 孩子们在地上画画儿。	A 아이들은 바닥에서 그림을 그리고 있다.
B 孩子们在练习毛笔字。	B 아이들은 붓글씨를 연습하고 있다.
C 孩子们在努力学习英语。	C 아이들은 영어공부를 열심히 하고 있다.
D 孩子们在排练舞蹈。	D 아이들은 무용을 리허설 하고 있다.

해설 사진은 아이들이 바닥에 앉아 그림을 그리고 있는 모습이다. 따라서 정답은 "A 孩子们在地上画画儿。(아이들은 바닥에서 그림을 그리고 있다.)" 이다.

단어 毛笔字 máobǐzì [명] 붓글씨 ㅣ 排练 páiliàn [동] 리허설을 하다, 무대 연습을 하다 ㅣ 舞蹈 wǔdǎo [명] [동] 춤, 무용(하다)

2. 🎧 03

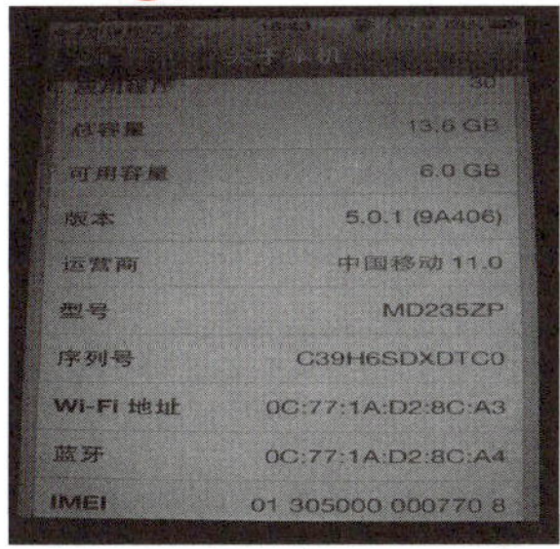

<table>
<tr><td></td><td>30</td></tr>
<tr><td>总容量</td><td>13.6 GB</td></tr>
<tr><td>可用容量</td><td>6.0 GB</td></tr>
<tr><td>版本</td><td>5.0.1 (9A406)</td></tr>
<tr><td>运营商</td><td>中国移动 11.0</td></tr>
<tr><td>型号</td><td>MD235ZP</td></tr>
<tr><td>序列号</td><td>C39H6SDXDTC0</td></tr>
<tr><td>Wi-Fi 地址</td><td>0C:77:1A:D2:8C:A3</td></tr>
<tr><td>蓝牙</td><td>0C:77:1A:D2:8C:A4</td></tr>
<tr><td>IMEI</td><td>01 305000 000770 8</td></tr>
</table>

A 这部手机是中国移动制造的。	A 이 핸드폰은 중국이동통신에서 제조한 것이다.
B 这部手机一共有13.6G的容量。	**B 이 핸드폰의 용량은 총 13.6기가 이다.**
C 这部手机不能使用蓝牙。	C 이 핸드폰은 블루투스를 사용할 수 없다.
D 这部手机已经使用了6G的容量。	D 이 핸드폰은 이미 6기가의 용량을 사용하였다.

해설 　두 번째 줄에 "**总容量** 13.6 GB" 라고 쓰여있는 것을 볼 수 있다. 따라서 정답은 "B 这部手机一共有13.6G的容量。
(이 핸드폰의 용량은 총 13.6기가이다.)" 이다.

단어 　**制造** zhìzào [동] 제조하다, 만들다 　| 　**容量** róngliàng [명] 용량 　| 　**蓝牙** lányá [외래어] 블루투스

3. 🎧 04

A 我新买了一辆自行车。	A 나는 자전거 한대를 새로 샀다.
B 我的摩托车在这里停放着。	**B 나의 오토바이는 이곳에 세워져 있다.**
C 摩托车上的两个人我不认识。	C 나는 오토바이 위의 두 사람을 모른다.
D 摩托车少了一个轮子。	D 오토바이의 바퀴가 하나 부족하다.

해설 　오토바이 한 대가 세워져 있는 것을 볼 수 있다. 따라서 정답은 "B 我的摩托车在这里停放着。(나의 오토바이는 이곳에
세워져 있다.)" 이다.

단어 　**摩托车** mótuōchē [명] 오토바이 　| 　**停放** tíngfàng [동] 잠시 세워 두다, 주차하다 　| 　**轮子** lúnzi [명] 바퀴

4. 

A 开车之前不能喝水。	A 운전하기 전에는 물을 마시면 안된다.
B 喝酒后不能开车。	B 음주 후에는 운전을 하면 안 된다.
C 开车以后不能喝酒。	C 운전하고 나서 술을 마시면 안 된다.
D 一边看车一边喝酒不好。	D 차를 보면서 술을 마시는 것은 좋지 않다.

해설 경찰이 "**开车不喝酒，喝酒不开车。** (운전을 할 거면 술을 마시지 말고, 술을 마시면 운전을 하지 말아라.)" 라고 쓰여있는 표지판을 걸고 있는 그림을 볼 수 있다. 따라서 정답은 "B **喝酒后不能开车。**(음주 후에는 운전을 하면 안된다.)" 이다.

5. 

A 前面不能通车了。	A 앞쪽은 차가 지나갈 수 없다.
B 前面的路长500米。	B 전면 도로의 길이는 500M이다.
C 再走500米就是大路了。	C 500M만 더 가면 큰길이다.
D 前几天这里不能通车。	D 요 며칠 이곳은 차가 지나갈 수 없다.

해설 표지판에 "**前方 500m 道路封闭** (전방 500m 도로봉쇄)" 라고 쓰여있는 것을 볼 수 있다. 따라서 정답은 "A **前面不能通车了。**(앞쪽은 차가 지나갈 수 없다.)" 이다.

단어 **通车** tōngchē [동] 차가 다니다, 차가 통하다

6. 

<table>
<tr><td>

A 老师们正在考试。
B 老师们在食堂吃饭。
C 大家都在图书馆看电影。
D 这是一堂英语课。

</td><td>

A 선생님들께서 시험을 보고 계신다.
B 선생님들께서 식당에서 식사를 하고 계신다.
C 사람들 모두 도서관에서 영화를 본다.
D 이것은 영어 수업이다.

</td></tr>
</table>

해설 칠판에 "南京路小学语文、数学 新课标测试(난징루 초등학교 어문, 수학 신 교과과정 기준 테스트)"라고 쓰여있는 것을 볼 수 있다. 따라서 정답은 "A 老师们正在考试。(선생님들께서 시험을 보고 계신다.)" 이다.

단어 测试 cèshì [명][동] 테스트, 시험(하다)

7. 

<table>
<tr><td>

A 她们高兴得跳了起来。
B 她们俩从这里跳下去了。
C 她们跳舞跳得不错。
D 俩人在比赛跳远。

</td><td>

A 그녀들은 기뻐서 껑충 뛰었다.
B 여자 두 명은 이곳에서 뛰어 내려갔다.
C 그녀들은 춤을 매우 잘 춘다.
D 두 사람은 멀리뛰기 시합을 하고 있다.

</td></tr>
</table>

해설 위 사진은 두 여자가 두 손을 번쩍 들고 환하게 웃으며 점프를 하고 있다. 따라서 정답은 "A 她们高兴得跳了起来。(그녀들은 기뻐서 껑충 뛰었다.)" 이다.

단어 比赛 bǐsài [명] 경기, 시합 [동] (체력이나 실력을) 겨루다, 시합하다 ㅣ 跳远 tiàoyuǎn [명] 멀리뛰기

8. 

<table>
<tr><td>

A 天鹅飞翔在蓝天上。
B 飞机马上要起飞了。
C 飞机在蓝天飞行。
D 火车在白云里穿梭。

</td><td>

A 백조가 파란 하늘을 날고 있다.
B 비행기가 곧 이륙한다.
C 비행기가 파란하늘을 날고 있다.
D 기차가 흰구름 속을 드나든다.

</td></tr>
</table>

해설 비행기가 이륙준비를 하는 것이 아닌 공중에서 비행하고 있는 모습을 볼 수 있다. 따라서 정답은 "C 飞机在蓝天飞行。(비행기가 파란하늘을 날고 있다.)" 이다.

단어 天鹅 tiān'é [명] 백조 ┃ 飞翔 fēixiáng [동] 하늘을 빙빙 돌며 날다, 비상하다

穿梭 chuānsuō [동] 빈번하게 왕래하다, 드나들다

9. 

<table>
<tr><td>

A 上课了，大家都认真听讲！
B 吃饭了，大家都排队买饭！
C 上课了，大家都跑了进来！
D 下课了，大家都跑了出来！

</td><td>

A 수업시간이 되었으니 모두들 열심히 수업을 들어요!
B 밥 먹을 때가 되었으니 모두들 줄을 서서 밥을 사세요!
C 수업시간이 되었으니 모두들 뛰어 들어오세요!
D 수업이 끝났으니 모두들 뛰어 나오세요!

</td></tr>
</table>

해설 아이들이 뛰어나오는 모습을 볼 수 있다. 따라서 정답은 "D 下课了, 大家都跑了出来！(수업이 끝났으니 모두들 뛰어 나오세요！)" 이다.

단어 认真 rènzhēn [형] 진지하다, 착실하다 ┃ 排队 páiduì [동] 줄을 서다

10. 

A 今天我卖了很多东西。	A 나는 오늘 아주 많은 물건을 팔았다.
B 今天我买了很多东西。	B 나는 오늘 아주 많은 물건을 샀다.
C 今天我吃了很多东西。	C 나는 오늘 아주 많은 것을 먹었다.
D 今天我背了很多东西。	D 나는 오늘 아주 많은 것을 외웠다.

해설 사진은 여자가 쇼핑백을 많이 들고 있는 모습이다. 따라서 정답은 "**B 今天我买了很多东西。** (나는 오늘 아주 많은 물건을 샀다.)"이다.

단어 背 bèi [동] (시문, 글 등을) 외우다, 암송하다

A, B, C, D 중 올바른 문장을 선택하여 대화를 완성하세요.

예시 1 

你们是韩国人吗？	당신들은 한국인입니까？
A 是，都我们是韩国人。	A 네, 모두 우리는 한국인입니다.
B 是，我们是都韩国人。	B 네, 우리는 모두 한국인입니다.
C 是，我们都是韩国人。	C 네, 우리 모두 한국인입니다.
D 是，我们韩国人都是。	D 네, 우리 한국인 모두 입니다.

해설 범위 부사 "**都**"는 문장에서 부사어의 역할을 하여, 술어 "**是**" 앞에 위치해야 하며, 주어 "**我们**" 뒤에 위치해야 한다.

11.

你想去哪里度假？	너는 어디에서 휴가를 보내고 싶니？
A 这里的东西都是假的。	A 이곳의 물건은 모두 가짜이다.
B 我度过了一个美好的夜晚。	B 나는 아름다운 밤을 보냈다.
C 最近太累了，哪里也不去。	C 요즘 너무 피곤해서 아무데도 가지 않는다.
D 假期快要结束了，我还没有做完作业。	D 방학이 곧 끝나는데 나는 아직 숙제를 다 하지 못했다.

해설 "你想去哪里度假？ (너는 어디에서 휴가를 보내고 싶니?)"라는 물음에 가장 적절한 답은 "C 最近太累了，哪里也不去。"이다. B는 같은 "**度过**"를 사용했지만 아름다운 밤을 보냈다는 말은 위 문제와 부합하지 않는다.

단어 度假 dùjià [동] 휴가를 보내다 ㅣ 度过 dùguò [동] (시간을) 보내다,지내다 ㅣ 夜晚 yèwǎn [명] 밤, 야간

12.

你坐几路车来公司上班？	당신은 몇 번 버스를 타고 출근을 합니까？
A 公司的待遇很不错。	A 회사의 대우가 매우 좋다.
B 路上的车很多。	B 거리에 차가 매우 많다.
C 140路和457路都可以。	C 140번, 457번 다 된다.
D 这条路很难走。	D 이 길은 참 가기 힘들다.

해설 버스의 번호를 물어보았다. 중국에서 버스 번호는 "~**路**" 라고 쓰인다.(예를들어, 132번 버스=132**路公交车**) 따라서 버스 번호를 대답하고 있는 "C 140**路**和457**路**都可以。"가 답이다.

단어 待遇 dàiyù [명] (급료·보수·권리·지위 등의) 대우, 대접

13. 🎧15

<table>
<tr><td>

先生，您打算在这里住几天？

A 就住三个人。
B 目前打算住7天，也许会有变动。
C 住了几天就走了。
D 打车的钱不好算。

</td><td>

선생님, 당신은 이곳에 며칠 머무르실 생각이신가요?

A 3명만 머무른다.
B 현재는 7일 머무를 계획이지만 변동이 있을 수도 있다.
C 며칠 머물다 곧 갔다.
D 택시비는 계산하기 어렵다.

</td></tr>
</table>

해설 A는 날짜가 아닌 사람의 수를 말하고, C는 이미 머물다 갔다는 과거형으로 대답하여 정답이 될 수 없다. 며칠간 머물건지 물어보고 있기 때문에 답은 "B 目前打算7天，也许会有变动。"이다.

단어 也许 yěxǔ [부] 어쩌면, 아마도

14. 🎧16

<table>
<tr><td>

你应聘的是哪个职位？

A 部门经理。
B 经理告诉我，他在开会。
C 职业培训会议厅在三楼。
D 一共招聘5个职位。

</td><td>

너는 어떤 직위에 지원했니？

A 부서 책임자
B 사장님께서 알려주시기를, 그는 지금 회의중이래.
C 직업훈련 회의실은 3층에 있다.
D 총 5개의 직위를 모집한다.

</td></tr>
</table>

해설 어느 직위로 지원했는지 물어보고 있기 때문에 답은 직위를 말한 "A 部门经理"이다.

단어 经理 jīnglǐ [명] (기업의) 경영 관리 책임자, 지배인, 사장 ｜ 培训 péixùn [동] 양성하다, 육성하다

招聘 zhāopìn [동] 모집하다, 초빙하다 ｜ 职位 zhíwèi [명] 직위

15. 🎧17

我有点累，能不能把出差的日子推到后天。

A 后来就没有再见到他。
B 最近工作太多，累死了。
C 坚持一下吧，机票已经订好了。
D 已经出差回来了。

제가 조금 피곤한데, 출장일자를 모레로 미뤄 주실 수 없을까요?

A 그 후로 그를 다시 볼 수 없었다.
B 요즘 일이 너무 많아서 피곤해 죽겠다.
C 조금 버텨보자, 비행기표 이미 예약해놨어.
D 이미 출장 갔다가 돌아왔다.

해설

[동사 + 到 + 어느 시점 = 어느 시점으로 동사하다] 라는 의미이다.

(예) 我们把会议时间定到明天下午了。우리는 회의시간을 내일 오후로 정하였다.

"能不能推到后天?" 모레로 미룰 수 없나요? 라고 물어보았기 때문에 어떠한 일자가 이미 정해져 있음을 알 수 있다. 따라서 정답은 "C 坚持一下吧, 机票已经订好了" 이다. 여기서 반드시 기억하자! 2부분은 관련 문장을 고르는 것이 아니라. 대화를 완성하는 것이다.

단어 推 tuī [동] 뒤로 미루다, 늦추다 ㅣ 坚持 jiānchí [동] 견지하다, 유지하다, 고수하다

订 dìng [동] 예약하다, 주문하다

16. 🎧18

货物都验收完了吗？结果怎么样？

A 货物不会少的。
B 大部分合格，只有一小部分需要返工。
C 这次测验的成绩不理想。
D 如果不去就不能通过验收。

화물을 모두 검수하셨습니까 ? 결과는 어떻습니까?

A 화물은 모자라지 않을 것이다.
B 대부분은 합격이지만 일부분은 재가공 해야한다.
C 이번 실험성적은 이상적이지 않다.
D 만약에 가지 않으면 검수를 통과하지 못한다.

해설 검수 결과를 묻는 질문에는 "B 大部分合格, 只有一小部分需要返工。"이 정답이다.

단어 验收 yànshōu [동] 검수하다, 검사하여 받다 ㅣ 返工 fǎngōng [동] (제품이나 공사가 불합격되어) 다시 만들다

测验 cèyàn [동] 시험하다, 테스트하다

17. 🎧19

<table>
<tr><td>

会议上讨论的很多问题，我都是第一次
听说。

A 这个问题不难，很容易解决。
B 讨论以后就会有结果。
C 第一次来的人都没有学会。
D 因为你休了一个月的假，公司发生了很多
变化。

</td><td>

회의에서 토론한 많은 문제들을 나는 다 처음
들었어.

A 이 문제는 어렵지 않아서 쉽게 해결할 수 있다.
B 토론 하고 나면 바로 결과가 나올 것이다.
C 처음 온 사람은 모두 할 줄 모른다.
D 당신이 한 달을 쉬었기 때문이야. 회사에
는 많은 변화가 있었어.

</td></tr>
</table>

해설 C와 혼동이 올 수 있다. 하지만 "여자가 못 하겠다" 라고 한 것이 아니라 "처음 들어 보았다" 라고 이야기 했기 때문에 정답
은 "D 因为你休了一个月的假,公司发生了很多变化。" 이다.

단어 讨论 tǎolùn [동] 토론하다 ㅣ 解决 jiějué [동] 해결하다, 풀다 ㅣ 休假 xiūjià [동] 휴가를 내(어 쉬)다, 휴가를 보내다

18. 🎧20

<table>
<tr><td>

孩子快放假了，我们也请几天假，去旅
游吧。

A 这段时间辛苦你了。
B 孩子放假了。
C 在这个节骨眼上请假，会被开除的。
D 假期一定要找一些有意义的事情做。

</td><td>

아이가 곧 방학이에요, 우리도 며칠 휴가 내
고 여행 가요.

A 그 동안 수고 하셨습니다.
B 아이는 방학했다.
C 이렇게 중요한 시기에 휴가를 내면 해고
당할 것이다.
D 휴가기간에는 반드시 의미 있는 일을 찾
아서 해야 한다.

</td></tr>
</table>

해설 "휴가 기간에 무엇을 할 것 입니까? " 라는 질문이 아닌 "여행가요" 라고 말하였기 때문에 정답은 D가 아닌 "C 在这个节骨
眼上请假，会被开除的。" 이다.

단어 节骨眼 jiēguyǎn [명] 결정적인 시기, 중대한 고비 ㅣ 开除 kāichú [동] 제명하다, 해고하다

19. 🎧21

<table>
<tr>
<td>

对方的报价昨天就到了，什么时候讨论啊？

A 报价需要谨慎。
B 得等到下个星期了，李总出差还没有回来。
C 运来的话，需要好几天。
D 昨天天气不错，所以来得早。

</td>
<td>

저쪽(상대편)의 견적서가 어제 도착했어요, 언제 논의 할까요?

A 가격을 제시하는 것은 신중 해야 한다.
B 다음주까지 기다려야 해요. 이사장님께서 출장 가셔서 아직 돌아오지 않으셨어요.
C 운송해오려면, 며칠 걸린다.
D 어제 날씨가 좋아서 일찍 왔다.

</td>
</tr>
</table>

해설 제시한 가격에 대해 묻는 것이 아닌 그 제시된 가격의 논의 시기를 묻고 있다. 따라서 답은 A가 아닌 "B 得等到下星期了, 李总出差还没有回来。"이다.

단어 报价 bàojià [명] 제시 가격, 입찰 가격, 오퍼, 견적 ㅣ 谨慎 jǐnshèn [형] (언행이) 신중하다

运 yùn [동] 운송하다, 운반하다, 수송하다

20. 🎧22

<table>
<tr>
<td>

会议时间改了，我怎么不知道啊？就我一个人没有准备好呢。

A 这次不是口头通知的，在公司的网站上公布的，大家都以为你看到了呢。
B 会议开得很顺利，看来你准备得不错。
C 对，就在前边，过了洗手间就是会议室。
D 不会不告诉你的，你放心吧。

</td>
<td>

회의 시간이 변경되었는데 어떻게 나는 모르고 있었지? 나만 제대로 준비를 못했어.

A 이번에는 구두로 통지 한 것이 아니라 회사 홈페이지에 공표해서, 모두들 당신이 봤을 거라고 생각했어요.
B 회의가 순조롭게 진행되었어요. 당신이 준비를 잘 하신 것 같네요.
C 맞아요, 바로 앞에 있어요. 화장실을 지나면 바로 회의실 입니다.
D 당신에게 안 알려줄 리 없어요. 안심해요.

</td>
</tr>
</table>

해설 자신에게 통지가 안된 것에 대해 "不是~, （是）~" 문형을 써서, "구두상으로 통지한 것이 아니라 홈페이지에 공표를 한 것"이라고 했으니 A가 답이다. 듣기 Tip을 하나 알려준다면, 보기 D의 "不会不告诉你的,~"와 같이 이중 부정이 문제에 출제될 경우 "不"를 빼고 해석하면 훨씬 쉽다. 이중 부정은 긍정("당신에게 알려줄 것이니 안심해요.")으로 해석하면 되기 때문이다.

단어 口头 kǒutóu [명] 구두 ㅣ 公布 gōngbù [동] 공포하다, 공표하다 ㅣ 顺利 shùnlì [형] 순조롭다, 일이 잘 되어가다

放心 fàngxīn [동] 안심하다

다음 대화를 듣고 A, B, C, D 중 올바른 답을 선택하세요.

예시 1  23

男: 请问留学生办公室在哪里？
女: 六楼。不过电梯只能到七楼，你得再从七楼下一层，左边第三个房间就是。
问: 留学生办公室在几层？
A 一层　B 六层　C 七层　D 三层

남: 유학생 사무실이 어디입니까?
여: 6층이요, 그런데 엘리베이터가 7층에서만 서니, 당신은 7층에서 한 층 내려가야 해요. 왼쪽 3번째 방입니다.
질문: 유학생 사무실은 몇 층입니까?
A 1층　B 6층　C 7층　D 3층

해설 대화에서 여자가 한 말 중 "**你得再从七楼下一层。**(7층에서 한 층 내려가야 해요.)"를 듣고 정답 B **六层**을 골라야 한다.

21. 24

女：欢迎来到我们的展位。
男：谢谢。你的展位布置得非常好。
问：对话可能发生在什么地方？

A 展销会　　　B 电影院
C 女的的新家　D 女的的办公室

남: 저희 진열대(부스)에 오신 것을 환영합니다.
여: 감사해요. 당신의 부스는 진열이 참 잘 되어있네요.
질문: 대화가 일어난 장소는 어디인가?

A 전시 판매회　　　B 영화관
C 여자의 새 집　　　D 여자의 사무실

해설 "展位(진열대)"와 "布置(진열)"이라는 단어를 듣고 무엇인가 진열 되어 있음을 알 수 있다. 따라서 대화의 장소는 "**B 电影院**"이 아니다. 또한 진열이 잘 되어 있다고 말하고 있는 사람은 여자이므로 C와 D는 답이 될 수 없으며 답은 "**A 展销会**"이다.

단어 展位 zhǎnwèi [명] 부스 ┃ 布置 bùzhì [동] (각종 물건을 적절히) 안배하다, 진열하다 ┃ 展销会 zhǎnxiāohuì [명] 전시 판매회

22. 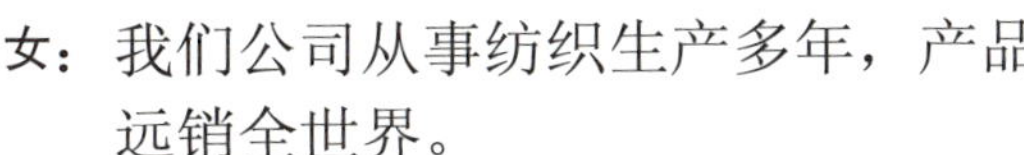 25

女：我们公司从事纺织生产多年，产品远销全世界。
男：我希望我们今后能合作成功。
问：以下哪项可能是女的公司的产品？

A 电脑　B 玩具　C 瓷器　D 布匹

여: 우리 회사는 여러 해 동안 방직생산에 종사하였으며 상품은 전세계로 팔려나갑니다.
남: 저는 우리가 앞으로 협력에 성공할 수 있기를 바랍니다.
질문: 아래 어느 항목이 여자 회사의 상품인가?

A 컴퓨터　B 완구　C 자기　D 포목

해설 여자가 "우리 회사는 오랫동안 방직생산에 종사하고 있다"고 이야기 하는 것으로 보아 정답은 천의 총칭인 "**D 布匹**"이다.

단어 从事 cóngshì [동] 종사하다, 몸담다 ┃ 远销 yuǎnxiāo [동] 먼 곳으로 판매하다 ┃ 合作 hézuò [동] 합작하다, 협력하다
瓷器 cíqì [명] 자기 (질 좋은 사기그릇의 총칭)

23. 

男： 早上好，您现在可以告诉我这几天的
　　 计划安排吗？
女： 今天我们老板和同事将和您一起开个
　　 会，明天我带您参观我们的样品室，
　　 大后天我会带您去看工厂。
问： 男的今天不可能做的事情是什么？

A　见到女的的老板
B　见到女的的同事
C　参加会议
D　参观样品室

남: 좋은 아침입니다. 지금 저에게 며칠간의 일
　　정 계획을 알려주시겠습니까?
여: 오늘은 저희 사장님과 동료들이 당신과 함께 회
　　의를 할 것입니다. 내일은 제가 당신을 모시고 샘
　　플실을 참관할 것이며, 글피에는 제가 당신을 모
　　시고 공장을 보러 갈 것입니다.
질문: 오늘 남자가 하지 않을 일은 무엇인가?

A　여자의 사장을 만난다
B　여자의 동료를 만난다
C　회의에 참석한다
D　샘플실을 참관한다

해설 "오늘 하지 않는 일"에 대해 묻고 있으므로, 내일 예정인 "D 参观样品室" 가 정답이다.

단어 计划 jìhuà [명] 계획, 작정, 방안 ┃ 参观 cānguān [동] (전람회·공장·명승 고적 등을) 참관하다, 견학하다, 시찰하다
样品 yàngpǐn [명] 샘플, 견본(품)

24.

男： 我不能同意你们的价格，有点高。我
　　 们要买很多。
女： 折扣百分之七，这是最低价了。
问： 男的享受了多少折扣？

A　三七折
B　九三折
C　七折
D　三折

남: 저는 이 가격을 동의할 수 없어요, 조금
　　비싸네요. 우리는 많이 살 겁니다.
여: 7%할인이 최저가 입니다.
질문: 남자는 얼마의 할인을 받을 수 있는가?

A　37%의 값을 지불
B　93%의 값을 지불
C　70%의 값을 지불
D　30% 의 값을 지불

해설 "折扣百分之七"의 의미는 "7% 할인" 이라는 뜻이다. 중국의 세일 개념은 한국과 다르다. 예를 들어, "30%세일"은
"打七折", "20%세일"은 "打八折"이다. 그러므로 "九三折 = 7%할인" 즉, "B 九三折" 가 답이다.

단어 折扣 zhékòu [명] 할인, 에누리 ┃ 享受 xiǎngshòu [동] 누리다, 향유하다, 즐기다

女: 我认为198元才是我方可以接受的价格。
男: 贵方的价格压得太离谱了，这个价格
　　我方是生产不出这种质量的鞋款的。
问: 男的认为女的说的价格怎么样？

A 太低　　　　　　B 太高
C 不高不低　　　　D 有点偏离了中心

여: 우리 측에서 받아들일 수 있는 가격은 198위안이라고 생각합니다.
남: 귀하(당신)은 가격을 너무 말도 안되게 깎았어요. 우리 측은 이 가격으로 이런 품질의 신발을 생산 할 수 없어요.
질문: 남자는 여자가 제시한 가격이 어떻다고 생각하는가?

A 너무 낮다　　　　　B 너무 높다
C 높지도 낮지도 않다　D 핵심을 벗어났다

해설 "压得太离谱"는 정도 보어로서 "너무 무리하게 낮췄다, 내린 정도가 너무 터무니없다"라는 의미이다. 그러므로 답은 "A 太底" 이다.

[상용되는 정도 보어(정태 보어)의 구조]

주어 + (술어(동사)) + 목적어 + 술어 + 得 + 정도보어 (형용사구)

(예) **我说汉语说得非常流利。** 나는 중국어를 매우 유창하게 한다.

단어 接受 jiēshòu [동] 받아들이다 ㅣ 压 yā [동] 내리 누르다 ㅣ 离谱 lípǔ [동] 언행이 상궤를 (상식을) 벗어나다, 터무니 없다

女: 请把今天广告上的产品说明和一份样品寄给我们，说明最低价格和最优惠的购买条件。
男: 好的，我今天会给您邮寄一份目录。但是有关产品的样品，我们必须收费，不能赠送。
问: 关于样品下面正确的是

A 是收费的
B 是免费的
C 会和目录一起邮寄出去
D 女的不需要

여: 오늘 광고에서 나온 상품의 설명과 샘플 하나를 우리에게 보내주시고, 최저 가격과 최고 우대 구매 조건을 설명해 주세요.
남: 좋아요. 제가 오늘 목록을 한 부 발송 해 드릴게요. 하지만 상품 샘플에 대해서는 우리는 반드시 비용을 받아야 합니다. 무료로 증정해 드릴 수 없어요.
질문: 다음 중 샘플에 관해 옳은 것은 무엇인가?

A 비용을 받는다
B 무료이다
C 목록과 함께 발송 할 것이다
D 여자는 필요하지 않다

해설 남자가 "반드시 비용을 받으며, 증정해 드릴 수 없다" 라고 이야기 하고 있으므로 정답은 "A 是收费的" 이다. 참고로 오늘 목록을 발송할 것이고, 샘플에 대해서는 비용을 받겠다고 했으니, 틀림없이 비용을 받고 추후 발송될 것이라는 점을 추측할 수 있다.

단어 优惠 yōuhuì [형] 특혜의, 우대의 ㅣ 收费 shōufèi [동] 비용을 받다, 유료로 하다 ㅣ 赠送 zèngsòng [동] 증정하다, 선사하다, 주다

27. (30)

女: 三份鸡翅汉堡套餐外加一个中可乐。

男: 鸡翅汉堡套餐25一份，中可乐，可以
享受我们的买汉堡免费送可乐活动。

问: 女的应该付多少钱？

A 25块　　B 50块　　C 75块　　D 80块

여: 치킨버거세트 3개와 콜라 중자 하나 더
주세요.

남: 치킨버거세트는 한 세트에 25위엔입니다.
콜라 중자는 햄버거를 사면 콜라를 무료
로 주는 이벤트를 누리실 수 있습니다.

질문: 여자는 얼마를 지불해야 하는가?

A 25块　　B 50块　　C 75块　　D 80块

해설 여자는 총 3개의 치킨버거세트 그리고 콜라 중자를 하나 더 추가 하였다. 그러나 햄버거를 사면 콜라 중자를 증정하는 이벤트가 있어 3개의 세트 값만 지불하면 되므로 답은 "C 75块" 이다.

단어 套餐 tàocān [명] 세트 음식, 세트 메뉴　|　免费 miǎnfèi [동] 돈을 받지 않다, 무료로 하다　|　活动 huódòng [명] 이벤트

28. (31)

男: 这日子真是没有办法过了，责任又不
在我身上，为什么骂我？

女: 是啊，我也被骂了，明明是销售部门
的问题，我真想抬腿走人。

问: 女的想怎么样？

A 去承认错误　　　　　B 辞职
C 跑步　　　　　　　　D 把腿抬起来

남: 살기 참 힘들다, 책임이 나한테 있는 것도
아닌데, 왜 나를 욕해?

여: 그러게, 나도 욕먹었어. 분명히 영업부의
문젠데, 난 정말 그만두고 싶어.

질문: 여자의 생각은 어떠한가?

A 실수를 인정한다　　B 사직하다
C 뛰다　　　　　　　　D 다리를 들어 올리다

해설 "抬腿走人"은 "다리를 들고 떠나다"란 뜻으로 "그만 두고 싶다"는 의미이다. 그러므로 정답은 "B 辞职" 이다.

단어 责任 zérèn [명] 책임　|　骂 mà [동] 욕하다　|　承认 chéngrèn [동] 승인하다, 인정하다, 동의하다

错误 cuòwù [명] 착오, 잘못

29. 🎧32

<table>
<tr><td>

女: 快买吧，现在买最合适了，我们在搞买三送一的活动。

男: 合适是合适，可是我只需要一个。

问: 男的如果买七个可以免费得到几个？

A 三个　　B 一个　　C 两个　　D 七个

</td><td>

여: 얼른 사세요, 지금 사는 게 가장 좋아요, 저희 지금 3+1행사를 하고 있어요.

남: 좋기는 한데, 저는 하나만 필요해요.

질문: 만약 남자가 7개를 산다면 몇 개를 무료로 받을 수 있나?

A 3개　　B 1개　　C 2개　　D 7개

</td></tr>
</table>

해설 "买一送一"는 "1+1"이라는 뜻이다. 그렇다면 "买三送一"는 "3+1"을 뜻한다. 즉, 7개를 산다면 2개를 더 받을 수 있다. 그러므로 답은 "C 两个" 이다.

단어 合适 héshì [형] 적당(적합)하다, 알맞다

30. 🎧33

<table>
<tr><td>

女: 你好，我是来应聘会计的。请问是在这里吗？

男: 对，先把你的材料给我看看，哦，对了，我先看看你的会计证书吧，有工作经验吗？

问: 根据对话，女的在干什么？

A 参加会计考试　　　　B 应聘
C 相亲　　　　　　　　D 介绍工作

</td><td>

여: 안녕하세요. 저는 회계에 지원했는데 여기가 맞나요?

남: 맞아요. 먼저 당신의 자료를 저에게 보여주세요. 아, 맞아요! 당신의 회계증명서부터 먼저 보여주세요. 업무 경험은 있으신가요?

질문: 대화의 내용을 근거로, 여자는 지금 무엇을 하는가?

A 회계시험에 참가했다

B 모집에 지원했다

C 맞선을 본다

D 업무를 소개한다

</td></tr>
</table>

해설 "应聘"이라는 단어가 들렸다. 여기서 "应聘"은 "지원하다 (↔招聘 : 모집하다/초빙하다)"라는 뜻이므로 정답은 "B 应聘" 이다.

단어 会计 kuàijì [명] 회계　|　证书 zhèngshū [명] 증서, 증명서　|　经验 jīngyàn [명] 경험, 체험

31. (34)

男: 最近一段时间，我睡眠质量很不好。一个晚上要醒来好几次，醒来之后，就很难入睡。 女: 天天加班，工作压力那么大，肯定会失眠的，要不你去旅游放松放松吧。 问: 男的怎么了？ A 想睡觉　　　B 想出去旅游 C 工作压力大　D 不喜欢睡觉	남: 요즘 나는 한동안 잠을 잘 자지 못했어. 하룻밤에 여러 번씩 깨어나, 깨고 나면 다시 잠들기 어려워. 여: 매일 야근하고, 업무 스트레스가 그렇게 크면 확실히 불면증이 생기지, 아니면 여행가서 스트레스를 좀 풀어봐. 질문: 남자는 어떠한가? A 잠을 자고 싶다 B 여행가고 싶다 C 업무 스트레스가 크다 D 잠자는 것을 싫어한다

해설 남자는 잠을 못 잔다고 이야기 하자 여자는 그 원인이 남자가 매일 야근을 하고 업무 스트레스가 크기 때문이라는 사실을 언급하며 여행을 가서 쉬어보라고 권하고 있다. 따라서 정답은 "C 工作压力大" 이다.

단어 睡眠 shuìmián [명] 수면, 잠 ㅣ 醒来 xǐnglái [동] 잠이 깨다 ㅣ 入睡 rùshuì [동] 잠들다

失眠 shīmián [동] 잠을 이루지 못하다, 불면증에 걸리다 ㅣ 放松 fàngsōng [동] 늦추다, 느슨하게 하다

32. (35)

女: 你好，请问博物馆怎么走啊？ 男: 顺着这条路往前走，在第二个路口往南拐，你就能看到了，那儿有一个很大的广场，很好找的。差不多一刻钟就能到。 问: 根据对话，哪一项是正确的？ A 从这里去博物馆需要10分钟 B 博物馆附近有一个很大的广场 C 女的想和男的一起去博物馆 D 博物馆是一个大广场	여: 안녕하세요. 죄송한데 박물관은 어떻게 가나요? 남: 이 길을 따라 쭉 가시다가 두 번째 입구에서 남쪽으로 돌아가시면 바로 보이실 거예요. 그곳에 큰 광장이 하나 있어서 굉장히 찾기 쉬워요. 15분 정도면 도착할 수 있을 거예요. 질문: 대화의 내용을 근거로, 다음 중 옳은 것은 무엇인가? A 여기서 박물관 까지는 10분이 걸린다 B 박물관 근처에는 큰 광장이 하나 있다 C 여자는 남자와 함께 박물관에 가고 싶다 D 박물관은 큰 광장이다

해설 남자가 "그곳에 큰 광장이 하나 있어서 찾기 쉽다"는 말을 했기 때문에 "박물관 근처에 큰 광장이 하나 있다"고 서술 하고 있는 "B 博物馆附近有一个很大的广场" 가 답이다.

단어 博物馆 bówùguǎn [명] 박물관 ㅣ 拐 guǎi [동] 방향을 바꾸다, 꺾어 돌다, 돌아가다

男: 听说王部长被老板炒鱿鱼了？
女: 你在开玩笑吧，王部长那样的能人，怎么会被老板炒鱿鱼，我听说是他炒了老板的鱿鱼。
问: 女的认为王部长怎么了？

A 被辞退了　　　　B 主动辞职了
C 很喜欢吃鱿鱼　　D 去卖鱿鱼了

남: 듣자 하니 왕 부장이 사장님한테 해고 당했다던데?
여: 농담 하는 거지? 왕 부장 같은 인재가 어떻게 해고 당하겠어. 내가 듣기로는 그가 스스로 그만 뒀다던데?
질문: 여자는 왕부장이 어떻게 되었다고 생각하는가?

A 해고 되었다
B 자발적으로 사직했다
C 오징어를 즐겨먹는다
D 오징어를 팔러 갔다

해설　"炒鱿鱼"는 "해고되다" 라는 의미를 가지고 있다. 이 표현은 능동의 표현으로 "炒老板的鱿鱼(스스로 사직하다)"로 쓰일 수 있으며 또한 수동(피동)의 표현으로 "被老板炒鱿鱼(해고 당하다)"쓰일 수도 있다. 따라서 정답은 "주동적으로 사직하다" 의 의미를 갖고 있는 "B 主动辞职了" 이다.

단어　开玩笑 kāiwánxiào [동] 농담하다, 웃기다, 놀리다　I　辞职 cízhí [동] 사직하다, 직장을 그만두다

女: 怎么这么堵啊，就这么点路，走了这么长时间，打的费得多少钱啊？
男: 是啊，政府整天喊着改善交通改善交通，可是越改越不善了。
问: 男的认为最近的交通比以前怎么样了？

A 好了很多　　　　B 好了一点儿
C 不如以前了　　　D 和以前差不多

여: 어쩜 이렇게 막히는 거야, 짧은 거리를 이렇게나 오래 걸려 가다니,택시비를 얼마나 내야 하는 거야?
남: 그러게, 정부는 항상 교통을 개선하겠다고 외치더니, 바꿀 수록 더 나빠지네.
질문: 남자는 요즘 교통이 예전에 비해 어떻다고 생각하는가?

A 많이 좋아졌다　　　B 조금 좋아졌다
C 예전만 못하다　　　D 예전과 비슷하다

해설　남자는 개선할수록 더욱더 안 좋아지고 있다고 이야기하고 있다. 따라서 "C 不如以前了" 가 정답이다.

★ A 不如 B = A는 B만 못하다.

(예) 百闻不如一见 (백문이 불여일견 : 백 번 듣는 것은 한번 보는 것 만 못하다).

단어　堵 dǔ [동] 교통이 꽉 막히다　I　政府 zhèngfǔ [명] 정부　I　改善 gǎishàn [동] 개선하다, 개량하다

35. (38)

男: 刚才我同事给大家介绍了我们的产品。相信贵公司已对我们产品有了大概的了解，我们提供的报价是5000元一台。

女: 实在是太高了，据我们对贵公司的产品调查，其他的同类产品都在4000左右，当然一分钱一分货，贵公司的产品肯定有独特性，请解释一下贵公司的这种产品为什么如此昂贵。

问: "一分钱一分货"的意思什么？

A 只买一分钱的货物
B 那件货物只值一分钱
C 贵有贵的道理
D 货物不能这么便宜

남: 방금 제 동료가 여러분께 저희의 상품을 소개해 드렸습니다. 귀사에서는 이미 상품에 대해 대략적인 이해가 되었을 것이라 믿습니다. 공급가는 한대에 5000위안입니다.

여: 정말이지 너무 비싸요, 우리 회사가 귀사의 상품에 대해 조사한 바에 따르면, 기타 동종의 상품도 4000원 정도 하던데요, 물론 싼 게 비지떡이겠죠. 귀사의 상품은 분명히 독자성이 있을 것입니다.귀사의 제품이 왜 이렇게 비싼지 설명 좀 부탁드립니다.

질문:"一分钱一分货"는 무슨 의미 인가?

A 한 푼 짜리 물건만 산다.
B 그 물건은 "一分"의 가치만을 가지고 있다.
C 비싼 데에는 이유가 있다.
D 물건이 이렇게 쌀 수는 없다

해설 "一分钱一分货" 는 "싼 게 비지떡 이다" 라는 의미도 있지만 본연의 의미는 "한 푼으로는 한 푼 어치의 물건밖에 살 수 없다" 는 의미가 있다. 따라서 "물건을 살 때 드는 비용은 물건의 질과 비례한다" 는 뜻으로 해석할 수 있다. 정답은 "C 贵有贵的道理" 이다.

단어 贵公司 guìgōngsī [명] 귀사　ㅣ　调查 diàochá [동] (현장에서) 조사하다

解释 jiěshì [동] (함의·원인·이유 등을) 설명하다, 해명하다　ㅣ　昂贵 ángguì [형] 비싸다

다음 문장을 듣고 A, B, C, D 중 정답을 선택하세요. 단문 혹은 장문의 대화를 들으면서 문제를 보세요. 각 문장에는 1개에서 5개의 문제가 있습니다. A, B, C, D에서 알맞은 답을 고르세요.

예시 1 

我们学校里有一个小卖部。小卖部里边卖生活用品、食品，还卖信纸、信封、邮票。有这个小卖部我们觉得很方便，买些小东西我们就不用出校门了。这个小卖部早上8点开门，晚上8点半关门。	우리 학교에는 작은 매점이 있다. 작은 매점에서는 생필품, 식품을 팔고, 편지지, 편지 봉투, 우표도 판다. 이 작은 매점이 있어서 우리는 참 편리하다. 이런 작은 물건을 살 때 교문을 나갈 필요가 없다. 매점은 아침 8시에 문을 열고 저녁 8시 반에 문을 닫는다.

단어　小卖部 xiǎomàibù [명] 매점　|　信纸 xìnzhǐ [명] 편지지　|　信封 xìnfēng(r) [명] 편지봉투

邮票 yóupiào [명] 우표　|　方便 fāngbiàn [형] 편리하다　|　关门 guān//mén [동] 문을 닫다

1.

短文中没有说到什么东西? A 生活用品　　B 书 C 食品　　　　D 邮票	문장에서 말하지 않은 것은? A 생활 용품　　B 책 C 식품　　　　D 우표

해설　첫 번째 문제의 알맞은 답은 B이다. 문장에서 "**小卖部里边卖生活用品、食品，还卖信纸、信封、邮票。**(작은 매점 안에는 생필품, 식품을 팔고, 편지지, 편지 봉투, 우표도 판다.)"를 통하여 언급하지 않은 것은 B 书(책)임을 알 수 있다.

2.

这里的 "关门" 是什么意思? A 关上门 B 商店不能开门 C 晚上不能开门 D 停止营业	여기에서 "문 닫다"는 무슨 뜻인가? A 문을 닫다 B 상점은 문을 열 수가 없다 C 저녁에 문을 열 수가 없다 D 영업을 멈추다

해설　두 번째 문제의 알맞은 답은 D이다. "**这个小卖部早上8点开门，晚上8点半关门。**(매점은 아침 8시에 문을 열어서 저녁 8시 반에 문을 닫는다.)"에서의 "**关门**"의 뜻은 D 停止营业(영업을 멈추다)이다. "**关门**"이 "폐업하다"라는 뜻도 있기 때문에 A 关上门(문을 닫다)와 혼동할 수도 있지만, 여기에서는 "영업을 멈추다"라는 표현이 더 옳다.

36. 🎧40

男：你好，请问你哪里不舒服？
女：我身上起了很多红疙瘩。
男：你这是皮肤过敏了，你是南方人吗？
女：不是，我是北方人，来南方谈生意的。
男：怪不得呢，你回去用盐水洗洗澡，多晒晒被子。
女：那我现在很痒怎么办？
男：我给你拿点药，直接涂抹在患处，一会儿就好了。
女：谢谢大夫。

女的怎么了？
A 皮肤过敏了
B 不喜欢南方
C 是来南方旅游的
D 不喜欢洗澡

남 : 안녕하세요, 어디가 불편하신 가요?
여 : 제 몸에 붉은 두드러기가 잔뜩 났어요.
남 : 이건 피부가 알레르기 반응을 보이는 거예요. 남방 분이세요?
여 : 아니요. 저는 북방 사람이에요. 사업차 남방에 왔어요.
남 : 어쩐지, 돌아가셔서 소금물로 샤워하시고, 이불을 자주 햇볕에 말려주세요.
여 : 제가 지금 너무 간지러운데 어떻게 하죠?
남 : 제가 약을 좀 가져다 드릴게요, 환부에 직접 바르고 나면 금방 좋아질 거예요.
여 : 감사합니다. 의사선생님

여자는 무슨 일인가?

A 피부가 알레르기 반응을 보인다
B 남방을 싫어한다
C 남방으로 여행을 왔다
D 샤워를 싫어한다

해설 "남방 분이세요?" 라고 물어보았기 때문에 "B 남방을 싫어한다", "C 남방으로 여행을 왔다" 는 답이 될 수 없다. "起疙瘩 두드러기가 나다" 그리고 "皮肤过敏 피부 알레르기" 라는 말을 통해 답이 "A 皮肤过敏了"가 답이라는 것을 알 수 있다.

단어 疙瘩 gēda [명] 종기, 뽀루지 ㅣ 皮肤 pífū [명] 피부 ㅣ 过敏 guòmǐn [동] 알레르기 반응을 보이다
怪不得 guàibude [부] 어쩐지 ㅣ 晒 shài [동] 햇볕을 쬐다, 햇볕에 말리다 ㅣ 被子 bèizi [명] 이불
痒 yǎng [형] 가렵다, 간지럽다

37. 🎧 **41**

各位旅客，现在播放民航局公告，禁止旅客随身携带液态物品乘机，请各位旅客在办理登机牌的同时，将各类液态物品、膏状、胶状物品提前托运，禁止旅客利用客票交换，捎带非旅客本人的行李物品，禁止旅客携带打火机、火柴等各类火种登机，谢谢各位旅客的配合。

旅客可以带进机舱的东西是：
A 矿泉水
B 火柴
C 打火机
D 唇膏

승객 여러분, 민항국이 여러분께 알립니다. 승객 여러분께선 액체 상태의 물품을 지니고 탑승 하는 것을 금지합니다. 승객 여러분께서는 탑승권을 수속하실 때 각종 액체류, 크림 타입, 젤 타입 물품은 미리 운송을 위탁해 주십시오. 탑승권 교환을 이용해 여행객 본인의 물품이 아닌 것을 대리위탁 하는 것을 금지하며, 라이터, 성냥 등 각 가연성 물질을 지니고 탑승하는 것을 금지합니다. 승객 여러분의 협조에 감사 드립니다.

승객이 비행기에 가지고 들어 갈 수 있는 것은?

A 생수
B 성냥
C 라이터
D 립스틱

해설 녹음에서 액체류, 크림 타입, 젤 타입 물품 그리고 가연성물품을 지니고 탑승할 수 없다고 했다. 액체 상태인 생수, 가연성 물질인 성냥과 라이터는 확실히 몸에 지닌 채 탑승할 수 없는 물품이기 때문에 정답은 "D 唇膏"이다.

단어 随身 suíshēn [동] 몸에 지니다, 휴대하다 | 携带 xiédài [동] 휴대하다, 지니다 | 办理 bànlǐ [동] 처리하다, 취급하다

登机牌 dēngjīpái [명] 탑승권 | 托运 tuōyùn [동] (짐·화물을) 탁송하다, 운송을 위탁하다

捎带 shāodài [동] 하는 김에 ~ 하다 | 配合 pèihé [동] 협동하다, 협력하다

机舱 jīcāng [명] 비행기의 객실 또는 화물칸, 기내

38. 🎧42

您好！欢迎光临时尚特价服饰经营店！本店主营国际顶尖品牌服饰，售价仅为同类商品市场价的1到5折，同样的品质我们有更低的价格；同样的价格我们有更好的品质。网络购物，诚信为本！本店荣获淘宝诚信商家称号，货到付款，安全便捷！并郑重承诺，购买本店商品，实行七天无条件换货，让您买得放心，穿得舒心！特大优惠活动进行中，时尚特价服饰经营店，祝您购物愉快！

顾客购买商品的话可以：
A 需要先付货款
B 可以收到货物后再付款
C 一个星期可以有条件退货
D 不承担运费

안녕하십니까! 최신유행 특가 의류 패션몰에 오신 것을 환영합니다. 저희 가게는 국제 일류 브랜드의 복장을 주로 판매 하고 있으며, 같은 상품을 시장가격에서 10-50% 할인하여 판매합니다. 저희는 같은 품질 낮은 가격, 같은 가격 더욱 좋은 품질입니다. 온라인 쇼핑은 신용을 지키는 것을 기본으로 합니다! 저희 가게는 '타오바오'에서 신용 점포라는 영예로운 호칭을 얻었으며, 물건을 받고 돈을 지불하는 방식(후불제) 으로 안전하고 빠릅니다! 저희 가게에서 상품을 구매하시면 7일 이내에 조건 없이 교환이 가능하다는 것을 엄숙히 약속 드립니다. 안심 구매하시고 편하게 착용하세요! 특별한 할인 이벤트가 진행 중 입니다. 저희 최신 유행 특가 의류 패션몰은 당신의 쇼핑이 즐겁길 바랍니다.

고객이 상품을 구매할 때, 가능한 것은?

A 먼저 금액을 지불 해야 한다
B 물건을 먼저 받고 금액을 지불 한다
C 일주일 내로 조건부 환불이 가능하다
D 운송비를 부담하지 않는다

해설 "货到付款(대금교환도)"는 먼저 물건을 받고 가격을 지불하는 후불제 방식을 일컫는 말이므로, 정답은 "B 可以收到货物后再付款" 이다.

단어 时尚 shíshàng [명] 시대적 유행 ｜ 主营 zhǔyíng [동] 주로 경영하다 ｜ 顶尖 dǐngjiān [형] 최상의, 일류의

诚信 chéngxìn [형] 성실하다, 신용을 지키다 ｜ 荣获 rónghuò [동] 영예를 누리다, 영예로운 호칭을 얻다

货到付款 huòdàofùkuǎn 화물 상환불, 대금 상환인도 (=후불제) ｜ 便捷 biànjié [형] 빠르고 편리하다

郑重 zhèngzhòng [형] 정중하다, 점잖고 엄숙하다 ｜ 承诺 chéngnuò [동] 승낙하다, 대답하다

吴敏，别名：珍敏，女，1980年1月出生，贵州省正安县小雅镇人，身份证地址为河南省光山县寨河镇，身高1.65米左右，体形正常，长方脸，鼻梁较高，嘴唇略厚，长头发，肤色正常，左手腕有烧伤痕迹。右手戴玉镯，脖戴小金镶玉佛，贵州口音，会说普通话，性格内向。于2013年3月12日从广东省广州市离家出走。家人推测其可能出现在福建省厦门市，可能在厦门海沧区进厂工作。现家人在焦急寻找中，恳请各地公安机关及好心朋友留心此则寻人启事，如有知情者，请与下列联系人联系，家人感激不尽，并愿意酬谢通知准确信息的好心朋友人民币2000元。如吴敏本人见此寻人启事，请速与家人联系，你的两个孩子盼你早日回家。

关于吴敏正确的是?

A 是厦门海沧区的职工
B 是从正安县离家出走的
C 是河南省光山县人
D 已经结婚了

우민, 별명: 쩐민, 여, 1980년 1월 출생이다. 꾸이저우성 쩡안현 시아오야진 사람이며, 신분증상의 주소는 흐어난성 꾸앙샨현 짜이흐어진 입니다. 신장 165cm정도에 정상 체형. 길고 네모진 얼굴형에 콧날이 비교적 높고 입술이 도톰하며, 긴 머리에 정상적인 피부색, 왼쪽 손목에 화상흉터가 있습니다. 오른손에는 옥팔찌를 착용하였고, 목에는 작은 금 상감 옥부처 장신구를 착용하고 있습니다. 꾸이저우 말씨에 표준어를 구사하며 성격은 내성적입니다. 2013년 3월 12일에 광동성 광저우시에서 집을 나갔습니다. 가족들은 푸지엔성 시아먼시에서 나타날 것이며, 시아먼시 하이창구의 공장에 들어가 일 할 것이라고 추측하고 있습니다. 지금 가족들이 애타게 찾고 있습니다. 각 지역 공안 기관 및 선량한 시민 여러분 이 광고(사람 찾는 광고)에 주의를 기울여주세요. 만약 관련 사실을 알고 계신 분들은 아래의 담당자에게 연락주세요. 연락 주시면 가족들은 너무나 감사히 여길 것입니다. 또한 정확한 정보를 주시는 분께는 인민폐 2000위안을 사례하겠습니다. 만약 우민 본인이 이 광고를 본다면 신속하게 가족들에게 연락하길 바란다. 너의 두 아이가 네가 빨리 돌아오길 바라고 있단다.

우민에 대하여 올바른 것은 무엇인가?

A 시아먼 하이창구에서 일을 하고 있다
B 쩡안현에서 집을 나갔다
C 흐어난성 꾸앙샨현 사람이다
D 이미 결혼 하였다

해설 A는 "시아먼시 하이창구에서 일을 하고 있을 것" 이라 가족들이 추측하는 것이므로 오답이다. B는 "2013년 3월 12일 광저우시에서 집을 나갔다"라고 본문에 언급하므로 오답이다. 보기 C의 주소는 신분증의 주소일 뿐, 우민은 "쩡안현 시아오야쩐 사람이다"라고 본문 초반에 언급되므로 오답이다. 마지막에 "너의 두 아이가 네가 빨리 돌아오길 바라고 있다" 라는 말을 통해 그녀가 아이의 엄마 즉, 이미 결혼 한 상태라는 것을 알 수 있다. 따라서 답은 "D 已经结婚了" 이다.

단어 烧伤 shāoshāng [명][동] 화상(을 입다) I 痕迹 hénjì [명] 흔적, 자취, 자국

离家出走 líjiāchūzǒu 집을 떠나다, 가출하다 I 推测 tuīcè [동] 추측하다, 헤아리다 I 焦急 jiāojí [형] 초조하다, 조급해하다

寻找 xúnzhǎo [동] 찾다, 구하다 I 留心 liúxīn [동] 주의를 기울이다, 관심을 갖다 I 启事 qǐshì [명] 광고, 공고

感激不尽 gǎnjībújìn 감격스럽기 그지없다 I 酬谢 chóuxiè [동] (금품으로) 사례하다

准确 zhǔnquè [형] 확실하다, 정확하다 I 早日 zǎorì [부] 일찍이, 신속하게, 빨리

　　湖南卫视第四季度全新推出大型明星亲子旅行生存体验真人秀，该节目版权和模式购自韩国MBC电视台的《爸爸！我们去哪儿？》。这是湖南卫视继《变形计》之后又一档真人秀亲子互动节目，并由《变形计》制作人谢涤葵和《我是歌手》制作人洪涛联合操刀打造。

　　这档名人代际沟通纪实节目将创新视角对准亲子关系，五位明星爸爸跟子女进行72小时的乡村体验真人秀于2013年10月11日起每周五晚22：00登陆湖南卫视，于2013年10月26日起每周六晚21：00登陆金鹰卡通卫视。节目为季播，第一季共12期，由林志颖父子、田亮父女、郭涛父子、王岳伦父女、张亮父子联手担任嘉宾。

　후난 위성TV는 제 4분기에 연예인 부모와 아이들이 여행에서 생존하는 대형 리얼리티 프로그램을 선보입니다. 본 프로그램은 한국 MBC 방송국의 〈아빠 어디가?〉에서 저작권과 형식을 사온 것이다. 이 프로그램은 후난 위성TV 〈변형계〉를 뒤이은 리얼리티 프로그램이다. 게다가 〈변형계〉의 제작자인 씨에다쿠이 그리고 〈나는 가수다〉의 제작자인 홍타오가 공동으로 주관하였다.

　연예인들의 세대간의 소통을 기록한 이 프로그램은 부모자식관계를 새로운 시각에 맞춰 보여준다. 다섯 명의 연예인 아빠와 자녀들이 72시간 동안 시골을 체험하는 이 리얼리티 프로그램은 2013년 10월 11일 매주 금요일 저녁 22 :00 부터 후난 위성 TV, 2013년 10월 26일 매주 토요일 저녁 21 :00 에 찐잉카툰위성TV에 방영된다. 프로그램은 분기별로 방영이 되며, 매 분기마다 12편으로 되어있다. 린즈닝 부자, 티엔량 부녀, 꾸어타오 부자, 왕위에룬 부녀, 짱량 부자가 함께 게스트로 출현한다.

단어　**推出** tuīchū [동] (신상품 또는 신기술을) 내놓다, 출시하다　ㅣ　**体验** tǐyàn [명][동] 체험(하다)

真人秀 zhēnrénxiù [명] 리얼리티 텔레비전 프로그램　ㅣ　**版权** bǎnquán [명] 저작권

模式 móshì [명] (표준) 양식, 패턴　ㅣ　**代际** dàijì [명] 세대(지)간　ㅣ　**纪实** jìshí [동] 실제의 상황을 기록하다

对准 duìzhǔn [동] 겨누다, 조준하다, 정확하게 맞추다　ㅣ　**操刀** cāodāo [동][비유] (어떤 일의 진행을) 주관하다

打造 dǎzào [동] 만들다, 만들어 내다

40. 🎧 **45**

《爸爸去哪儿》的版权和模式原属于哪里？	《아빠 어디가》의 판권과 형식은 어디에 속해 있는가?
A 湖南卫视　　　B 金鹰卡通卫视 C 韩国MBC电视台　　D 变形记	A 후난위성　　　B 찐잉카툰위성 C 한국 MBC 방송국　　D 변형계

해설 "앞서 본 프로그램은 한국 MBC 방송국의 〈아빠 어디가〉에서 저작권과 형식을 사온 것이다" 라고 하였으므로 정답은 "C 韩国MBC电视台" 이다.

41. 🎧 **46**

上面提到的嘉宾一共有几位？	위 글에서 총 몇 명의 게스트를 언급하였나？
A 5位　　B 6位　　C 8位　　D 10位	A 5명　　　B 6명 C 8명　　　D 10명

해설 마지막에 총 5가정의 부자, 부녀 지간이 게스트로 출현하므로 정답은 "D 10位" 이다.

很多人都不知道如何拨打国际长途，其实拨打国际长途的方式很简单，主要有两种方式：一是手机或座机直接拨打，二是网络电话拨打。

手机直接拨打：用手机直接拨打很方便，直接输入对方国家区号+电话号码就可以了，通话质量也是最好的，但是好的东西代价总是不低的，想要用手机直接拨打，你需要去营业厅开通国际长途服务，缴纳相关的证件，甚至是保证金等，而且价格也是相当贵。

网络电话方式拨打：网络电话也分很多种的，主要有IP卡、网络电话卡、网络软件电话。比如说电信的17900、17901就是IP卡；网络电话卡的话就比较多了，比较出名的有国际长途山山卡、nncall等；网络软件也是比较多的，最有名气的莫过于skype了，是一个大品牌，还有比较出名的是阿里通，也是香港的大品牌，这些都是需要软件来拨打的。

많은 사람들이 국제전화를 어떻게 거는 줄 모른다. 사실 국제 전화를 거는 방식은 매우 간단하다. 주된 두 가지 방식이 있는데 첫 번째는 핸드폰 혹은 유선전화로 직접 거는 것이며 두번째는 인터넷 전화로 거는 것이다.

핸드폰으로 직접 걸기 : 핸드폰을 사용하여 직접 거는 것은 매우 편리하다. 직접 상대방의 국가번호+전화번호를 입력하면 된다. 통화 품질도 가장 좋다. 하지만 좋은 물건의 대가는 늘 싸지 않다. 핸드폰으로 직접 걸려면 영업점에 가서 국제 장거리 전화 서비스를 개통해야 하며, 관련 서류를 제출해야 한다. 게다가 보증금도 내야 하는데 가격이 상당히 비싸다.

인터넷 전화방식으로 걸기 : 인터넷 전화도 많은 종류로 나뉜다. 대표적으로는 IP카드, 인터넷 전화카드, 인터넷 소프트웨어 전화가 있다. 예를 들면 '띠엔신' 의 '17900,17901' 이 바로 IP카드이다. 인터넷 전화카드는 비교적 많은데, 좀 유명한 국제 전화로는 '샨샨카드, NNCALL' 등이 있다. 인터넷 소프트웨어 전화도 비교적 많은데 'SKYPE' 만큼 유명한 것이 없으며, 유명 브랜드이다. 또 비교적 유명한 홍콩의 브랜드인 '아리통' 도 있다. 이 모든 것들은 소프트웨어로 걸어야 한다.

단어   **如何** rúhé [대] 어떠한가, 어떻게 | **拨打** bōdǎ [동] 전화를 걸다

长途 chángtú [형] 장거리의 | **直接** zhíjiē [형] 직접적인 | **输入** shūrù [동] 입력하다

代价 dàijià [명] 대가, 물건값, 가격 | **缴纳** jiǎonà [동] (규정에 따라) 납부하다, 납입하다

证件 zhèngjiàn [명] (학생증·신분증 등의) 증명서 | **保证金** bǎozhèngjīn [명] 보증금

软件 ruǎnjiàn [명] 소프트웨어 | **莫过于** mòguòyú [동] ~ 보다 더한 것은(것이) 없다

42. (48)

<table>
<tr>
<td>

根据录音，用手机打国际电话，不需要的是什么？

A 去营业厅开通服务
B 缴纳证件
C 购买SIM卡
D 保证金

</td>
<td>

녹음에 따르면 핸드폰으로 국제 전화를 걸 때 필요하지 않은 것은?

A 영업점에 가서 서비스를 개통한다
B 서류를 제출한다
C SIM카드를 구매한다
D 보증금

</td>
</tr>
</table>

해설 녹음 내용 가운데 "SIM카드를 구매해야 한다"는 표현은 그 어디에도 없으므로 정답은 "C 购买SIM卡" 이다.

43. (49)

<table>
<tr>
<td>

下面哪个属于网络软件？

A 17900卡
B Skype
C 17901卡
D 山山卡

</td>
<td>

아래 어느 것이 인터넷 소프트웨어에 속하는가?

A 17900카드
B Skype
C 17901카드
D 샨샨카드

</td>
</tr>
</table>

해설 "17900, 17901카드"는 IP카드이며 "샨샨카드"는 인터넷 전화 카드이다. 따라서 인터넷 소프트웨어라고 언급되었던 "B Skype"가 답이 될 수 있다.

孩子睡觉时，你会开着灯吗？如果你的回答是肯定的，那就要特别引起注意了，这很可能直接导致你的孩子将来长不高。浙江省儿童医院内分泌科的傅君芬主任医生提醒各位家长："睡眠质量不好的孩子肯定长不高，睡觉时最好不要开灯，长期在灯光下睡眠的孩子不仅睡眠质量差，还会成倍增加患近视的几率。

让婴幼儿长久在灯光下睡觉，会使宝宝们每次的睡眠时间缩短，睡眠深度也会变浅，而且很容易惊醒，显然这样的睡眠质量，对孩子的骨骼生长非常不利。另外，长久在灯光下睡眠，还会影响孩子的眼部网状激活系统，对孩子的视力发育不利。因为持续不断的光线刺激对眼睛伤害很大，眼球和睫状肌便不能得到充分的休息，这对于婴幼儿们来说，极易造成视网膜的损害，影响其视力的正常发育。

아이가 잠을 잘 때, 당신은 불을 켜고 있나요? 만약 당신의 대답이 긍정이라면 특히 주의를 기울여야 한다. 이것은 당신의 아이가 키가 크지 않는 것에 직접적인 영향을 끼칠 수 있기 때문이다. 저지앙성의 아동병원 내분비과 푸쥔펀 주임의사가 학부모들에게 이르길 "수면의 질이 좋지 않은 아이는 분명히 키가 크지 못할 것이다. 수면 시 에는 불을 켜지 않는 것이 가장 좋다. 오랜 시간 동안 불빛 아래 잠을 잔 아이들은 수면의 질이 떨어질 뿐만 아니라, 근시가 될 수 있는 확률이 높아진다" 고 한다.

영유아를 오랫동안 불 빛 아래에서 자게 하면 아이들의 수면시간을 매번 단축 시킬 수 있으며, 깊게 잠을 잘 수 없다. 게다가 쉽게 놀라 깰 수 있으며 당연하게도 이러한 수면의 질은 아이의 골격 성장에 굉장히 불리하다. 이 밖에, 오랫동안 불빛 아래에서 수면을 취하면 아이의 눈 부분 신경(망) 활성화 시스템에도 영향을 끼칠 수 있으며 아이의 시력발달에도 불리하다. 지속된 광선의 자극이 눈에 끼치는 손상은 매우 크기 때문에, 안구와 모양체근이 충분한 휴식을 취할 수 없다. 이것은 영유아 아이들에게 있어 굉장히 쉽게 망막의 손상을 초래하여 시력의 정상적인 발달에 영향을 끼친다.

단어 引起 yǐnqǐ [동] (주의를) 끌다, 야기하다 ｜ 注意 zhùyì [동] 주의하다 ｜ 导致 dǎozhì [동] (어떤 사태를) 야기하다, 초래하다
提醒 tíxǐng [동] 일깨우다, 경고하다 ｜ 患 huàn [동] 병이 나다(들다), 병에 걸리다
缩短 suōduǎn [명] (시간·길이 등을) 단축하다 ｜ 深度 shēndù [명] 깊이, 심도 ｜ 变浅 biànqiǎn [동] 얕아지다
惊醒 jīngxǐng [동] 놀라서 깨다 ｜ 显然 xiǎnrán [형] (상황이나 이치가) 명백하다, 분명하다 ｜ 骨骼 gǔgé [명] 골격
激活 jīhuó [동] 활성화하다, 반응을 촉진하다 ｜ 系统 xìtǒng [명] 계통, 체계, 시스템 ｜ 发育 fāyù [동] 발육하다, 자라다, 발달하다
刺激 cìjī [동] 자극하다, 고무하다 ｜ 伤害 shānghài [동] 상하게 하다, 손상시키다
造成 zàochéng [동] (좋지 않은 결과를) 초래하다, 야기하다.

44. 🎧51

<table>
<tr><td>

根据录音睡觉时开着灯，孩子的哪方面会受到影响？

A 视力
B 食欲
C 脑神经发育
D 骨骼密度

</td><td>

아이가 잠을 잘 때 불을 켜놓으면 아이의 어느 방면이 영향을 받는가?

A 시력
B 식욕
C 뇌신경발달
D 골격밀도

</td></tr>
</table>

해설 녹음에 의하면, "아이가 불을 켜놓고 자면 망막의 손상을 초래하여 시력의 정상적인 발달에 영향을 끼친다" 라고 이야기 하고 있으므로 정답은 "A 视力" 이다. 또한, "골격 성장에 영향을 끼친다" 라고 했으나 "골격 밀도" 에 대해서는 언급한 적이 없으므로 D는 답이 될 수 없다.

45. 🎧52

<table>
<tr><td>

说这段话的专家是？

A 教育专家
B 心理专家
C 内分泌科医生
D 育儿博士

</td><td>

이 말을 전해주는 전문가는 누구인가?

A 교육전문가
B 심리전문가
C 내분비과 의사
D 육아박사

</td></tr>
</table>

해설 "내분비과 푸줜펀 주임의사" 만 언급되었으므로 정답은 "C 内分泌科医生" 이다.

　　一进入秋季，最不舒服的就是皮肤干燥紧绷了，如果这时候还频繁洗脸的话，更容易使皮肤的水分慢慢流失，越加干燥难受。所以应该适量减少洗脸次数。干性肌肤呢，本来就属于油脂量较少的肤质，若洗脸的次数过多，皮肤会更干燥，因此在早上起床洗脸时，只要用清水直接洗就好，晚上因脸较脏，再用洗面奶洗即可。油性肌肤的人，经常油光满面，所以多数人一天都会洗上好几次脸，但换季时候，皮肤外油内干，洗脸过多反而会刺激皮脂分泌，　让皮肤更缺少水份出油更多。洗脸的次数也应降低，否则一样会使油脂量流失过多。

油性皮肤的人洗脸过多会怎么样？

A　让脸上的油脂减少。
B　让脸上的油脂增加。
C　减少油脂量流失。
D　让皮肤外油内湿。

가을만 되면 가장 불편한 것은 바로 피부가 건조해지며 당기는 것이다. 만약 이 때 빈번하게 세안을 한다면 더욱 쉽게 피부의 수분은 차츰 유실 될 것이며, 더욱 건조해지고 견딜 수 없게 될 것이다. 마땅히 적당히 세안 횟수를 줄여야 한다. 건성 피부는 원래 기름의 양이 비교적 적은 피부에 속한다. 만약 세안의 횟수가 지나치게 잦으면 피부가 더욱 건조해 질 것이다. 그러므로 아침에 일어나 세안할 때는 맑은 물 만을 사용해 씻는 것이 좋으며 저녁은 얼굴이 비교적 더럽기 때문에, 클렌징 크림을 사용해도 좋다. 지성피부인 사람은 자주 얼굴 전체가 번들거리기 때문에 많은 사람들이 하루에도 몇 번을 세안한다. 하지만 환절기에는 피부가 밖은 기름지고 안은 건조하기 때문에 자주 세안하는 것은 오히려 피지가 분비되도록 자극하게 되어, 피부로 하여금 수분은 부족하게 하고 기름은 더 많이 나오게 할 수도 있다. 세안의 횟수는 반드시 줄여야 한다. 그렇지 않으면 마찬가지로 기름의 양도 과도하게 유실 될 수 있기 때문이다.

지성피부인 사람이 과도하게 세안하면 어떻게 되는가?

A　얼굴의 기름을 감소시킨다.
B　얼굴의 기름이 증가한다.
C　기름의 유실을 감소시킨다.
D　피부로 하여금 밖은 기름지고 안은 촉촉하게 한다.

해설　"자주 세안하게 되면 오히려 피지 분비에 자극이 되어 기름이 더 많이 나오게 할 수도 있다" 라고 이야기 하므로 정답은 "B 让脸上的油脂增加"이다.

단어　干燥 gānzào [형] 건조하다 ｜ 紧绷 jǐnbēng [동] 팽팽하게 잡아당기다, 켕기다

频繁 pínfán [형] 잦다, 빈번하다 ｜ 流失 liúshī [동] 흩어져 없어지다, 상실되다, 유실되다

难受 nánshòu [형] 참을 수 없다, 견딜 수 없다, 답답하다, 괴롭다 ｜ 适量 shìliàng [형] 적당량이다

属于 shǔyú [동] ~에 속하다, ~의 소유이다 ｜ 若 ruò [접] 만일, 만약 ｜ 脏 zāng [형] 더럽다, 지저분하다

洗面奶 xǐmiànnǎi [명] 클렌징 크림 ｜ 即可 jíkě [부] ~하면 곧(바로) ~할 수 있다, 바로 가능하다

换季 huànjì [동] 계절이 바뀌다 ｜ 皮质 pízhì [명] 피질 ｜ 分泌 fēnmì [동] 분비하다, 분비되어 나오다

缺少 quēshǎo [동] 부족하다, 모자라다 ｜ 降低 jiàngdī [동] 내리다, 낮추다, 인하하다

否则 fǒuzé [접] 만약 그렇지 않으면

　　网上订的火车票怎么取票，即如何换取纸质车票呢？

　　目前除京津城际、京沪、沪宁、沪杭高铁本线列车外，其它车次网上购票乘车前都需要换取纸质车票方可乘坐。旅客在网上购票支付成功后有以下三种方式换取纸质车票：

　　一、车站售票窗口换取

　　二代居民身份证购买的铁路电子客票，可凭购票时所使用的乘车人有效二代居民身份证原件到车站售票窗口进行纸质车票换取。

　　二、铁路客票代售点换取

　　二代居民身份证购买的铁路电子客票，可凭购票时所使用的乘车人有效二代居民身份证原件到就近铁路客票代售点进行纸质车票换取。

　　三、车站自动售票机

在具备条件的车站，也可以利用自动售票机进行换取。

　인터넷으로 예약한 기차표는 어떻게 표를 받을 것인가, 즉, 어떻게 종이티켓으로 받을 수 있을까?

　현재 징쩐 (북경▶천진), 징후 (북경▶상해), 후닝 (상해▶남경), 후항 (상하이▶항주) 고속철 본선 열차 이외에 기타 열차는 인터넷으로 표를 구매하면 탑승 전에 모두 종이 티켓으로 바꾸어야 탑승할 수 있다. 승객은 인터넷으로 표 값을 지불하고 구매를 했다면 아래 세 가지의 방식으로 종이 티켓으로 교환 할 수 있다.

1. 역 매표창구에서 교환 하기
　본인의 신분증으로 구매한 열차 전자 티켓은 표를 구매할 때 사용하였던 승객의 유효한 신분증 증서를 가지고 역의 매표 창구에 가서 종이 티켓으로 바꿀 수 있다.

2. 철도 탑승권 위탁 판매점에서 교환하기
본인의 신분증으로 구매한 전자 티켓은 표를 구매할 때 사용하였던 승객의 유효한 신분증 원본을 가지고 근처 위탁 판매점으로 가서 종이 티켓으로 바꿀 수 있다.

3. 터미널 내 자동 티켓 판매기
조건이 갖춰있는 터미널에선 자동 판매기로도 티켓 교환이 가능하다.

[단어]　　**换取 huànqǔ** [동] 교환하(여 얻)다, 바꾸어 가지다　Ｉ　**支付 zhīfù** [동] 지불하다, 내다

售票窗口 shòupiàochuāngkǒu 매표창구　Ｉ　**凭 píng** [전] ~에 의거하여, ~에 근거하여

具备 jùbèi [동] (물품 등을) 갖추다, 구비하다, 완비하다

47. 🎧 55

<table>
<tr><td>

根据录音网上订的车票换成纸质车票的方法有几种？

A 一种
B 二种
C 三种
D 四种

</td><td>

녹음에 따르면 인터넷으로 구매한 표를 종이 티켓으로 바꾸는 방법은 몇 가지 인가?

A 1종
B 2종
C 3종
D 4종

</td></tr>
</table>

해설 녹음에 따르면 "정류장 매표창구에서 교환 하기, 철도 탑승권 위탁 판매점에서 교환하기,터미널 내 자동 티켓 판매기" 총 세 가지의 방법을 제시했다. 따라서 정답은 "C 三种" 이다.

48. 🎧 56

<table>
<tr><td>

录音中提到的身份证必须：

A 是乘车人的而且是有效的
B 不一定是乘车人的但是必须是有效的
C 必须是乘车人的但不一定是有效的
D 不一定是乘车人的也不一定是有效的

</td><td>

녹음 중 제시한 신분증은 반드시:

A 승객의 본인의 것이어야 하며 유효한 신분증
B 반드시 승객 본인의 것은 아니어도 되나 유효한 신분증
C 반드시 승객 본인의 것이어야 하나 반드시 유효해야 하는 것은 아니다
D 반드시 승객 본인의 것이 아니어도 되고 꼭 유효해야 하는 것은 아니다

</td></tr>
</table>

해설 녹음에서 "본인의 것이어야 하며 반드시 유효해야 한다"고 이야기 하고 있으므로 정답은 "A 是乘车人的而且是有效的" 이다.

49. （57）

除中国人喜欢饮茶之外，世界上还有不少民族也有饮茶的习惯，但各有特色：美国的速溶茶是把茶叶加工成粉末状，然后再掺进白糖和柠檬汁制成的，加开水即可饮用，可节约泡茶的时间。许多美国人好喝速溶茶，大概和他们的生活节奏快有关。英国人特别注重下午四点半以后的一次下午茶，哪怕是正在办公或开会，也得停下来喝。由于气候炎热，泰国人喜欢在茶里放小冰块，饮这种茶使人感到凉爽舒适。北非人则喜欢在绿茶里加入几片新鲜的薄荷叶和一些冰糖，饮时清凉爽口。

这段话介绍了几个国家、地区的饮茶习惯？
A 一个
B 两个
C 三个
D 四个

차 마시는 것을 좋아하는 중국인 외에도, 세계의 많은 민족들이 차를 마시는 습관을 가지고 있다. 하지만 각각 특색이 있다. 미국의 즉석차는 차잎을 분말상태로 가공하여 백설탕과 레몬즙을 혼합하여 제조한 것이다. 끓는 물만 부으면 바로 음용할 수 있어 차를 끓이는 시간을 절약 할 수 있다. 많은 미국인이 즉석 차를 좋아하는데, 대개 그들의 생활 리듬과 관계가 있다. 영국인은 특히 오후 네 시 반 이후 오후의 차를 중요하게 여긴다. 설령 일을 하고 있거나 회의 중이라 할지라도 멈추고 차를 마셔야 한다. 날씨가 무덥기 때문에 태국인 들은 차 안에 작은 얼음조각을 넣는 것을 좋아한다. 이러한 차를 마시게 되면 시원하고 편안해진다. 북아프리카 사람들은 녹차 안에 신선한 박하 잎과 조각 설탕을 집어넣어 마시면 청량감이 들고 입안이 개운해진다.

이 대화는 몇 개의 나라, 지역의 차 마시는 습관을 소개하였나?

A 1곳   B 2곳
C 3곳   D 4곳

해설 녹음에서 "미국의 즉석 차, 영국의 오후의 차, 태국의 얼음조각을 넣은 차, 북아프리카의 녹차에 박하 잎과 설탕을 넣은 차"를 설명한다. 따라서 정답은 "D 네 곳"이다.

단어 饮茶 yǐnchá [동] 차를 마시다 l 速溶 sùróng [형] 빨리 용해되다, 신속하게 용해되다 (速溶茶=즉석차)

掺 chān [동] 섞다, 타다, 혼합하다 l 制成的 zhìchéngde ~ 로 만들어진 l 开水 kāishuǐ [명] 끓인 물

泡茶 pàochá [동] 차를 달이다 (끓이다) l 节奏 jiézòu [명][비유] (일이나 활동의) 리듬, 흐름

哪怕…., 也….。nǎpà…, yě…. [접] 설사(설령 · 비록) ~ 하더라도, ~ 하겠다

炎热 yánrè [형] (날씨가) 무덥다, 찌는 듯하다 l 凉爽 liángshuǎng [형] 시원하고 상쾌하다

舒适 shūshì [형] 편(안)하다, 쾌적하다, 유쾌하다

50. 🎧58

女：昨天的女子足球赛你看了吗？
男：看了，广东又赢了。真奇怪，水平不
　　怎么样，老赢，居然把山东队踢输了。
女：真的，论技术它不见得比北京、山东、
　　辽宁队强，就是运气好。
男：也不完全是运气，这个队情绪稳定。
　　上边几个队强吧？不怕！不像别的队
　　一会儿这样一会儿那样。
女：那今天它对河北队，你看吗？
男：前面的都看了，这场就算了吧。

女的认为广东队战胜其他队的原因是
什么？
A 技术
B 情绪
C 运气
D 天气

여 : 너 어제 여자 축구경기 봤니?
남 : 봤어, 광동이 또 이겼어. 진짜 이상해.
　　실력이 그저 그런데 항상 이기다니, 뜻밖
　　에 산동팀을 지게 만들었어.
여 : 진짜, 기술을 보면 베이징, 산동, 리아오
　　닝팀 보다 강하다고 할 수 없는데, 그냥
　　운이 좋은거 같아.
남 : 다 운이라곤 할 수 없어. 이 팀은 정서적
　　으로 안정 되어있어. 상위 몇 팀이 강하
　　다 해도 두려워 하지 않아! 다른 팀처럼
　　이랬다 저랬다 하지 않아.
여 : 그럼 너는 오늘 그들과 허베이 팀의 시
　　합을 볼꺼야?
남 : 앞에 경기는 다 봤으니, 이번 경기는 그
　　냥 됐어(=안볼꺼야).

여자의 생각에 광동팀이 다른 팀을 이기는 원
인은 무엇인가?

A 기술　　　　 B 정서
C 운　　　　　 D 날씨

해설 헷갈리지 말자! 문제는 남자의 생각이 아닌 여자의 생각을 물어보고 있으므로 정답은 "C 运气" 이다.

단어 **球赛** qiúsài [명] 구기 경기, 구기 시합 ┃ **水平** shuǐpíng [명] 수준

输 shū [동] 패하다, 지다, 잃다 ┃ **不见得** bújiànde 반드시 ~ 한 것은 아니다, 꼭 ~ 라고는 할 수 없다

运气 yùnqi [형] 운이 좋다, 행운이다 [명] 운, 운수

밑줄 친 빈칸에 A, B, C, D 중 알맞은 답을 고르세요.

51.

他的自行车＿＿＿＿小偷偷走了，所以他只好走路回家了。

A 被
B 使
C 把
D 请

그의 자전거는 소매치기가 훔쳐 달아났다. 그래서 그는 집에 걸어갈 수 밖에 없었다.

A ~ 의해 [전치사]
B ~ 로 하여금 ~하게하다 [전치사]
C ~ 을, ~ 를 [전치사]
D (~ 해달라고) 부탁하다 [전치사]

被자문의 형식
주어(동작 행위를 받는 대상) + 被 + (목적어[동작 행위의 주체]) + 술어(동사) + 기타성분

我的钱包被人偷走了。

我被妈妈骂了一顿。

해설 주어로 대상(**我的自行车**)이 나오고 동사는 "훔치다(**偷**)"이다. 동사의 앞에 훔치는 행위를 하는 주체인 "좀도둑(**小偷**)"이 쓰였는데, 이는 전형적인 피동문의 형식이다. 따라서, 피동문에서 주체자와 함께 쓸 수 있는 "A **被**" 가 정답다. 참고로 "**使**"는 사역문을 만들고, "**把**"는 처치문을 만들며, "**请**"은 청유문을 만듭니다.

단어 小偷 xiǎotōu [명] 도둑, 좀도둑 ｜ 偷 tōu [동] 훔치다, 도둑질하다

52.

小时候家里穷，一家六口人，就＿＿＿＿＿＿＿＿，更别说吃饭了。

A 喝汤成问题
B 连喝汤都成问题
C 甚至喝汤都成问题
D 喝汤还成问题

어렸을 때 집이 가난해서, 여섯 식구는 국을 마시는 것도 문제가 되었고 밥은 더 말할 것도 없었다.

A 국을 마시는 것도 문제가 된다
B 국을 마시는 것조차 문제가 되다
C 심지어 국을 마시는 것 조차 문제가 되다
D 국을 마시는 것 조차도 문제가 되다

해설 "**就(连) A 都/也~.**(A조차도 B하다)" 구문을 알면 쉽게 풀 수 있다. 보기의 한국어 번역은 거의 비슷하지만, C의 "**甚至**"는 접속사로 "심지어"의 뜻인데, "**甚至**"는 "~A, **甚至**B (A이고, 심지어 B 하기까지 하다)" 의 형식으로 대개 뒤에 쓴다. 따라서, C도 정답이 될 수 없다. 정답은 "**B 连喝汤都成问题**" 이다.

단어 穷 qióng [형] 빈곤하다, 가난하다, 궁하다 ｜ 甚至 shènzhì [접] 심지어 ~까지도, ~조차도

53.

<table>
<tr><td>

这孩子很害羞，在外边说话脸红，连在餐厅点菜＿＿＿脸红。

A 就

B 都

C 却

D 而

</td><td>

이 아이는 매우 부끄러움을 많이 타서, 밖에서 말할 때 얼굴이 빨개진다. 식당에서 요리를 주문할 때<u>조차도</u> 얼굴이 빨개진다.

A 곧

B 모두 , ~도

C 오히려 , 도리어

D 그리고, 그런데

</td></tr>
</table>

해설 이 역시 "**就**(**连**) A **都**/**也**~. (A조차도~하다)" 구문에 대한 문제이다. 빈칸이 있는 문장의 맨앞에 "**连**"을 찾을 수 있다. 따라서 보기에서 찾아야 할 것은 "**都**"나 "**也**"이므로 정답은 "**B 都**"이다. 참고로 만약 "**就**"를 이 문장에 쓰고 싶다면, "**就在餐厅点菜都脸红**"과 같이 "**连**"이 쓰이는 자리에 쓸 수 있다. "**却**"는 부사로 "그러지 않아야 하는데 오히려 ~ 한다" 는 뜻으로 답이 될 수 없다. "**而**"은 접속사로 대개 "A~, **而**B**不**~ (A는~한데 B는~하지 않다)"의 뜻으로 사용한다.

단어 **害羞** hàixiū [동] 부끄러워하다, 수줍어하다

54.

<table>
<tr><td>

必须在九月十号以前来，＿＿＿＿＿你就不能参加这次活动。

A 因此

B 然后

C 于是

D 否则

</td><td>

반드시 9월 10일 이전에 오세요. <u>그렇지 않으면</u> 당신은 이번 행사에 참가할 수 없습니다.

A 따라서, 이로 인하여

B 그리고 나서

C 그래서, 이리하여, 그리하여

D 그렇지 않으면

</td></tr>
</table>

해설 문장의 구조를 살펴보면 앞 절에 먼저 제안이 쓰였고(반드시 ~전에 와라), 뒤에 접속사를 넣을 빈칸이 보인다. 그 뒤에 주어인 "**你**"가 쓰였고, 바로 뒤에 부사 "**就**"가 쓰인 것을 볼 수 있다. "**就**" 뒤에는 불가능/불허를 나타내는 "**不能**"이 쓰여, "제안대로 하지 않으면 ~ 할 수 없다"는 의미가 된다. 따라서 조건절을 만드는 "**D 否则**"가 정답이다. 참고로 "**因此**" 앞에는 원인, 뒤에는 결과가 오고, "**然后**"의 앞뒤에는 순차적인 행위를 쓴다.

단어 **参加** cānjiā [동] 참가하다

55.

<table>
<tr><td>

我看了他的信，字里行间都流露出发
______内心的喜悦。

A 出
B 在
C 自
D 从

</td><td>

내가 그의 편지를 보았는데, 글 여기저기에서
마음<u>으로부터</u> 우러나온 기쁨이 드러났다.

A 나오다
B ~에 있다
C ~로부터
D ~로부터

</td></tr>
</table>

해설 이 문장은 "장소(**字里行间**)"에 "기쁨(**喜悦**)"이 "드러나다(**流露+出**)"라는 문장이다. 이와 같이 "어떤 시간/장소에 불특정 대상이 존재/출현/소멸 되는 것"을 나타내는 문장을 "존현문(**存现句**)"이라고 한다. "내심(**内心**)으로부터 나온(**发**)"란 문장을 만들어야 한다. 따라서 빈칸에는 출발점을 나타내는 전치사를 써야한다. 또 동사 뒤에 올 수 있어야 하므로 두 조건을 모두 만족시키는 "**C 自**"가 정답이다. 참고로 "**出**"는 동사로 "나(오/가)다"이고, "**在**"는 동사 앞에 쓰이면 행위가 일어나는 장소, 동사 뒤에 쓰이면 행동 후 고정이 되는 장소를 나타낸다. "**从**"은 출발점을 나타내지만 반드시 동사 앞에 위치한다.

단어 **字里行间** zìlǐhángjiān [성어] 행간, 문장의 여기저기 | **流露** liúlù [동] (생각·감정을) 무의식 중에 나타내다

喜悦 xǐyuè [형] 기쁘다, 즐겁다

56.

<table>
<tr><td>

他很聪明，然而________还是一个孩
子，不能要求他什么都懂。

A 根据
B 毕竟
C 甚至
D 如何

</td><td>

그는 매우 똑똑하다. 하지만 결국 아이이기
때문에 모든 것을 알도록 요구할 수는 없다.

A ~에 근거하여
B 결국, 어디까지나
C 심지어
D 어떻게

</td></tr>
</table>

해설 "매우 똑똑하다"는 사실이 쓰였지만 변할 수 없는 것은 "아이"라는 것이다. 따라서 "심하게 요구할 수 없다"는 결론이 나온다. 어떠한 이유에도 변함없는 전제와 함께 쓸 수 있는 접속사는 "**B 毕竟**"이다. 따라서 B가 정답이다. "**根据**"는 "보도/통계/규정 등에 근거하여"라는 뜻이고, "**如何**"는 "어떻게"라는 의문사이다.

57.

今天的报纸上报道了两________令人吃惊的消息。

A 篇
B 首
C 则
D 张

오늘자 신문에선 사람을 놀라게 하는 소식이 두<u>편</u> 보도 되었다.

A 편
B 수
C 편
D 장

해설 "篇"은 주로 글을 세는 양사이다(예: **一篇文章, 一篇散文**)

"首"는 주로 시 혹은 노래를 세는 양사이다(예: **一首诗, 一首歌**)

"则"는 주로 소식, 뉴스를 세는 양사이다 (예: **一则消息, 一则新闻**)

"张"은 주로 종이, 넓은 것 등을 세는 양사이다 (예: **一张纸, 一张照片**) 따라서 정답은 "C 则"이다.

단어 吃惊 chījīng [동] 놀라다 ㅣ 消息 xiāoxi [명] 소식, 기별, 편지

58.

在我的印象________, 它是一个非常美丽又非常幽静的地方。

A 内
B 上
C 里
D 边

내 인상 <u>속</u>에, 그곳은 매우 아름답고 또 매우 한적한 곳입니다.

A 안쪽, 내부
B 상에서
C 안, 속
D 가장자리

해설 "内"는 외부와 내부를 구분할 수 있는 경우 사용한다. "上"은 장소(위)나 범위를 나타낸다. "里"는 공간(안)이나 심리적/추상적공간에 사용한다. "边"은 "가장자리"라는 뜻이 있으며 "**上/下/里/外**" 등의 방위사와 함께 사용한다. 추상적인 공간인 "**印象**(인상)"과 함께 쓸 수 있는 것은 "里"이다. 따라서 "C 里"가 정답이다.

단어 印象 yìnxiàng [명] 인상 ㅣ 幽静 yōujìng [형] 한적하다, 그윽하고 고요하다

寻物启事

　　2011年11月13号下午一点多，我从江大五号门乘车去汤湖公园游玩，不小心遗失一部诺基亚5233白色的手机在出租车上。可能您捡到了想要为我＿＿＿＿几天，让我着急，记住这次教训，好改掉这粗心的毛病，但我已经接受了这次教训。您如若拾到，请还给我，我将当＿＿＿＿感谢。

물건을 찾습니다.

2011년 11월 13일 오후 한시 좀 넘어서, 저는 지앙난대학교 5번 입구에서 택시에 탑승하였습니다. 탕후공원을 가는 길에 부주의로 택시에 흰색 5233 노키아 핸드폰을 놓고 내렸습니다. 아마도 당신이 주운 후에 저를 위해 보관해 주시다, 저로 하여금 초조함을 느끼게 하여, 이번 교훈을 기억에 남기고, 부주의한 버릇을 고쳐 주고 싶으신듯 합니다. 하지만 저는 이미 가르침을 받았습니다. 만약에 주우셨다면 돌려주세요. 제가 직접 만나 감사를 표하겠습니다.

단어 **遗失** yíshī [동] 유실하다, 분실하다, 잃어 버리다 ㅣ **捡** jiǎn [동] 줍다 ㅣ **教训** jiàoxùn [명] 교훈

粗心 cūxīn [형] 세심하지 못하다, 부주의하다 ㅣ **接受** jiēshòu [동] 받아들이다, 받다 ㅣ **如若** rúruò [접] 만약, 만일

恰 qià [부] (때)마침, 공교롭게도

59.

A 保护　 B 保藏　 C 保管　 D 保用	A 보호하다 B 보존하다, 소장하다 C 보관하다 D 일정 기간 동안 사용할 수 있음을 보증하다

해설 "잃어버린 핸드폰"은 "보호하다, 유실되지 않도록 보존하다, 보증하다"와 함께 쓰면 어색한 표현이 된다. 따라서 정답은 "C 保管(보관하다)" 이다.

60.

A 场　　 B 时　 C 面　 D 年	A 장소　 B 때　 C 얼굴　 D 년, 해

해설 当场 – 당장, 그 자리에서 / 当时 – 당시, 그 때 / 当面 – 직접 마주하여 / 当年 – 그 해에

"当场"이 답이 될 수 없는 이유는 "当场"은 주로 상황과 함께 쓰이기 때문이다. "핸드폰을 돌려주면 직접 얼굴을 보고 감사를 표하겠다"는 의미이다. 따라서 "C 面"이 정답이다.

문장을 완성하기 위해 아래의 각 단어들을 알맞은 순서로 배열하세요.

61.

A 这些建筑物已有百年的历史上了。 B 这些建筑物已有上百年的历史了。 C 这些建筑物上已有百年的历史了。 D 这些建筑物已有百年上的历史了。	이런 건축물들은 이미 백년 이상의 역사를 가지고 있다.

해설 这些建筑物已有上百年的历史了。가 답이다.

명사가 많아 주어와 목적어를 찾기 힘들다면 서술어부터 찾아보자! 여기서 서술어는 "有"이다. 부사 "已"가 앞에 함께 쓰여 있어 서술어를 더욱 빨리 찾을 수 있다.

이때 "A 有 B(= A(에)는 B가 있다.)" 를 떠올린다면, 주어는 "建筑物" 목적어는 "历史"라는 것을 알 수 있다. 이 때 남아있는 관형어들을 알맞게 배열하면 된다. "这些(지시대명사 + 양사 + 명사)"의 순서를 기억하자! "这些(이런 것들)"는 "历史(역사)"보다는 "建筑物(건축물)" 앞에 쓰여 "建筑物(건축물)"을 수식해주는 것이 더욱 자연스럽다. "上"은 비교적 큰 수량 앞에 써서 "일정 수량에 다다르다"라는 뜻을 갖는다.여기서는 "百年" 앞에 붙여 "백년 가량 되는"의 의미로 쓴다.

단어 建筑物 jiànzhùwù [명] 건축물 | 历史 lìshǐ [명] 역사

62.

A 今天差我迟到了一点儿。 B 今天一点儿我迟到差了。 C 今天我差一点儿迟到了。 D 今天我了迟到差一点儿。	나는 오늘 하마터면 지각할뻔했다.

해설 今天我差一点儿迟到了。가 답이다.

부사 "差(一)点儿"을 서술어인 "迟到" 앞에 쓰고, 시간명사인 "今天"을 주어 앞에 배열하면 답이 된다.

단어 迟到 chídào [동] 지각하다

63.

<table>
<tr><td>

A 已经实习了开始吗？
B 已经开始实习了吗？
C 已经了实习开始吗？
D 开始已经实习了吗？

</td><td>

이미 실습이 시작되었습니까?

</td></tr>
</table>

[해설] **已经开始实习了吗?** 가 답이다.

주어가 생략되었으므로 보이는 동사 2개를 놓고 판단해야 하는데, "**开始**"는 동사를 목적어로 취할 수 있기 때문에 "**开始**"를 서술어로 놓고, "**实习**"를 목적어 자리에 쓴다. 어기조사 "**了**"와 "**吗**"를 차례대로 배열한 뒤 부사인 "**已经**"을 서술어 "**开始**" 앞에 쓴다.

[단어] **实习** shíxí [동] 실습하다

64.

<table>
<tr><td>

A 你就一个人在住这儿吗？
B 你就住一个人在这儿吗？
C 你一个人住就在这儿吗？
D 就你一个人住在这儿吗？

</td><td>

당신 혼자 여기에 사는 겁니까?

</td></tr>
</table>

[해설] **就你一个人住在这儿吗?** 가 답이다.

문장의 큰 뼈대를 먼저 세워보자! 주어인 "**你**", 서술어인 "**住**", 의문을 나타내는 어기조사 "**吗**"가 보인다. 따라서 기본적인 순서는 "**你住吗?**"가 될 것이다. 서술어가 "**住**"이기 때문에 "**一个人**"이 단독으로 "**住**"의 목적어로 쓰일 수 없다. 따라서 "**你**"와 "**一个人**"을 함께 쓰는 것이 알맞다. "**你一个人**"은 "너 혼자"라는 뜻이다. 또한, 주어에 수량사가 함께 쓰일 때는 주어보다 앞에 위치해 "단지"의 의미를 지니게 된다. 즉 "**就你一个人**"의 형태가 되는 것이다. "**在+장소**"는 동사의 앞(행위가 일어나는 장소)이나 뒤(행위의 결과가 고정되는 장소)에 모두 쓰일 수 있다. 따라서 정답은 "D **就你一个人住在这儿吗?**" 이다.

65.

<table>
<tr><td>

A 我一个跟合租了朋友这套房子。
B 我跟朋友一个合租了这套房子。
C 我跟一个朋友合租了这套房子。
D 我这套房子跟合租了一个朋友。

</td><td>

나와 친구 한 명이 이집을 공동 임대해서 살고있다.

</td></tr>
</table>

[해설] **我跟一个朋友合租了这套房子。** 가 답이다.

동사 "**合租**"는 "공동 임대하다"라는 뜻으로 목적어 "**房子**"와 함께 쓸 수 있다. 문장의 큰 뼈대는 "**我合租了房子**" 이다. "**这套**"는 방을 세는 양사이므로 "**房子**" 앞에 쓰고, "**一个**"는 "**朋友**"를 수식하므로 "**朋友**"의 앞에 쓴다. "**跟**"은 전치사로 명사인 "**一个朋友**"와 함께 써 전치사구를 이룬다. 따라서 주어인 "**我**"의 뒤, 서술어인 "**合租**" 앞에 쓰면 된다.

[단어] **合租** hézū [동] 공동으로 임대하다

66.

<table>
<tr><td>
A 通讯录的信息还不全。
B 通讯录信息的还不全。
C 信息不全通讯录还的。
D 信息的不全通讯录还。
</td><td>
통신록의 정보는 아직 완전하지 않다.
</td></tr>
</table>

해설　通讯录的信息还不全。 이 답이다.

서술어가 될 수 있는 것은 형용사구인 "**不全**" 밖에 없다. 그렇다면 "**不全**"을 제외한 나머지 단어들은 모두 "**不全**"의 앞에 쓰여 주어 혹은 부사어로 사용될 것이다. 부사 "**还**"는 당연히 "**不全**"의 앞에 쓰여 "**~还不全**"의 순서로 쓴다. 남은 단어인 "**通讯录**"와 "**信息**"는 "**通讯录的信息**"의 순서로 쓰는 것이 자연스럽다.

단어　信息 xìnxī [명] 정보

67.

<table>
<tr><td>
A 你要不要去明天跟我们一起划船。
B 你明天跟我们一起要不要去划船。
C 你明天要不要跟我们一起去划船。
D 你明天要不要去划船跟我们一起。
</td><td>
당신은 내일 우리와 함께 뱃놀이를 하러 가겠습니까?
</td></tr>
</table>

해설　你明天要不要跟我们一起去划船。 이 답이다.

문제에서 서술어는 "**去**"와 "**划船**"으로 서술어가 2개이다. "**你**"는 주어로 하나의 주어와 서술어가 두개인 "연동문"이라는 것을 알 수 있다. 서술어가 쓰이는 순서는 행동이 일어나는 순서대로 써야 하기 때문에 "가서 노를 젓다"의 순서인 "**去+划船**"의 순으로 쓴다. 능원동사(=조동사)인 "**要**"는 동사 앞에 쓰여야 하므로 "**去**"의 앞에 능원동사 정반의문문 형태인 "**要不要**"를 쓴다. 전치사구(=전치사+명사)인 "**跟我们**"과 부사인 "**一起**"는 전치사구와 부사의 결합형태인 "**跟我们一起**"의 순서로 쓴다. 시간명사 "**明天**"은 주어 앞 혹은 바로 뒤에 쓴다.

단어　划船 huáchuán [동] (노 따위로) 배를 젓다

68.

<table>
<tr><td>
A 我们公司的小王歌唱得特别好。
B 我们公司唱得小王的歌特别好。
C 我们公司唱得歌小王的特别好。
D 我们公司的歌唱得小王特别好。
</td><td>
우리 회사의 샤오왕은 노래를 매우 잘 부른다.
</td></tr>
</table>

해설　我们公司的小王歌唱得特别好。 가 답이다.

주어를 먼저 찾아보자. 대개 "소속 + 的 + 이름"의 형식으로 쓰므로 "**我们公司的小王**"의 순서로 배열하여 주어 자리에 쓴다. 이 문제에서 서술어는 "**唱得**"로 정도보어가 쓰인 문장이다. 정도보어의 형식에 따라 〈주어 + (서술어) + 목적어 + 서술어 + 得 + 정도보어(주로 형용사구)〉로 순서를 배열해보자!

그렇다면 "**我们公司的小王**"이 주어, "**歌**"가 목적어, 서술어와 정도보어의 결합인 "**唱得**"의 순으로 써야 한다는 것을 알 수 있다. 형용사인 "**好**"는 부사인 "**特别**"의 수식을 받아 "**特别好**"로 배열하면 된다.

69.

<table>
<tr><td>

A 几个报告还要修改那份小地方。

B 那份报告几个小地方还要修改。

C 那份小地方还要修改几个报告。

D 几个小地方还要修改那份报告。

</td><td>

그 보고는 아직 몇 군데 수정을 해야한다.

</td></tr>
</table>

해설 **那份报告几个小地方还要修改。** 가 답이다.

서술어를 먼저 찾아보자. 서술어는 "**修改**" 이다. 서술어 앞에 부사인 "**还**"와 능원동사(=조동사)인 "**要**"를 순서대로 쓴다. 기억하자! 동사앞에는 〈부사 + 능원동사 + (전치사구) + 동사〉의 순서가 와야한다. 따라서 "**还要修改**"가 문장의 순서가 된다. "**修改**" 의 주어로, 수정해야 하는 대상이 나와야 하는데 제시된 단어가운데 "**报告**"가 "**修改**"할 수 있는 가장 적절한 대상이므로 "**报告**"가 주어자리에 쓰일 수 있다. "**那份**"은 양사로 "**报告**"를 수식하여, "**那份报告**"를 문장의 주어에 쓰자. 중국어는 큰 범위에서 작은 범위의 순서로, 특정한 것(**那份报告**)에서 불특정한 것(**几个小地方**)의 순서로 써야한다. 따라서 "**那份报告几个小地方**"의 어순이 된다.

70.

<table>
<tr><td>

A 有一家饭馆的很不错做得菜。

B 有一家饭馆的菜很不错得做。

C 有一家做饭馆的菜很不错得。

D 有一家饭店的菜做得很不错。

</td><td>

어느 한 식당은 요리를 매우 잘 한다.

</td></tr>
</table>

해설 **有一家饭店的菜做得很不错。** 가 답이다.

우선 동사 "**做**", 구조조사 "**得**", 형용사구 "**很不错**"가 보이므로, 정도보어가 쓰인 구문이라는 것을 알 수 있다. 정도보어의 기본형식 [주어 + (서술어) + 목적어 + 서술어 + 得 + 정도보어(주로 형용사구)] 대로 문장을 만들면 "**菜做得很不错**"가 된다. "**饭店的**"는 "**菜**"를 수식하는 관형어로 "**菜**"앞에 쓰여 "**饭店的菜**"의 순서로 쓴다. "**家**"는 양사로 "**饭店**"을 수식한다. 따라서 "**有一家饭店的菜**"의 문장을 만들 수 있다. 참고로 양사 "**家**"와 "**所**"의 차이점을 기억해두자! 일반적으로 양사 "**家**"는 점포, 공장, 집을 세는 단위로 쓰고, 양사 "**所**"는 학교, 병원을 세는 단위이다.

다음 문장 내용 중 맞는 답 하나를 선택해 주세요.

71.

A 璫丽酒店的房子每平方米99元。
B 99元一间的房价只有冬天才有。
C 99元的房价是普通房价。
D 该酒店的房价一律都是99元。

푸리호텔
겨울에 선보이는 특가룸 99위안/방

객실 예약 : 400-709-8989
전화　 : 0415-281111
주소　 : 쑤저우 대교 맞은편

A 푸리 호텔의 룸은 평방미터당 99원이다.
B 99위안의 방은 겨울에만 있다.
C 99위안의 룸가격은 보통 가격이다.
D 이 호텔 객실은 모두 99원이다.

해설 겨울에 선보이는 특가 룸 이라고 하였기 때문에 C와 D는 답이 될 수 없으며 사진에 평방미터당의 가격은 나와있지 않으므로 정답은 "B 99元一间的房价只有冬天才有"이다.

단어 普通 pǔtōng [형] 보통이다, 평범하다 ㅣ 房价 fángjià [명] 집(건물) 가격 ㅣ 一律 yílǜ [형] 일률적이다, 한결같다

72.

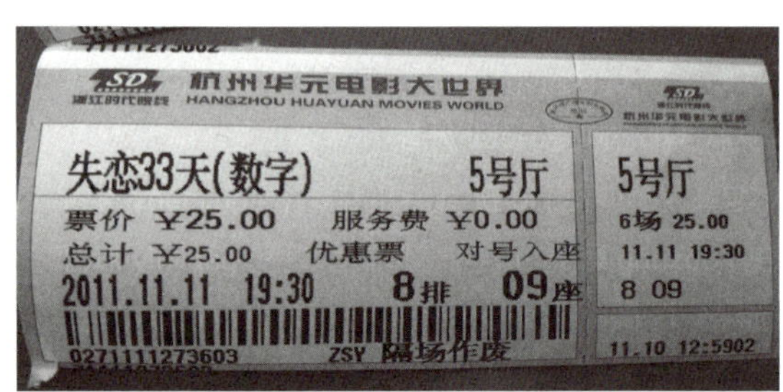

A 持票人可以随便坐在任何位置。
B 电影8点9分开始。
C 本电影票只能看本场电影。
D 电影票是在19点30分买的。

(좌)
실연한지 33일 (디지털)　　　　5번 상영관
티켓가격: 25.00위안　　서비스요금: 00.00위안
총 합계: 25.00위안　특가표 지정된 좌석에 앉으시오

2011.11.11 19:30 8열 9번 좌석
0271111273603 ZSY 다음 상영 시에는 사용 불가
(우)
5번 상영관
6번째 영화 25.00위안
11.11 19:30
8　09

A 입장권을 가지고 있는 사람은 아무 곳이나 앉을수 있다.
B 영화는 8시 9분에 시작한다.
C 이 영화 표는 본(本) 영화만 관람 할 수 있다.
D 영화 표는 19시 30분에 산 것이다.

 영화표를 보면 "지정 좌석 (对号入座)" 이라고 쓰여있기 때문에 A는 답이 될 수 없다. 8시 9분 영화가 아닌 8열 9번 좌석이기에 B도 답이 될 수 없고, 상영 시간이 19 시 30 분이라고 나와있으므로 D도 답이 될 수 없다. 따라서 "다음 상영 시에는 사용 불가" 라는 말을 토대로 답은 "C 本电影票只能看这场电影。"이다.

 作废 zuòfèi [동] 폐기하다 Ⅰ **隔** gé [동] 떨어져 있다, 사이를(간격을) 두다 Ⅰ **持** chí [동] 쥐다, 잡다, 가지다

任何 rènhé [대] 어떠한, 무슨

73.

<table>
<tr><td colspan="2" align="center">合格证</td></tr>
<tr><td>品牌名称：以柔</td><td rowspan="10" align="center">합격증</td></tr>
</table>

合格证	합격증
品牌名称：以柔	브랜드명 : 이러우
产品名称：男装休闲反领针织短袖衫	상품명 : 남성 캐쥬얼 반팔 카라티셔츠
产品等级：一等品	상품등급 : 1등급
执行标准：(1) FZ/T 73020-2004	실행기준 : (1) FZ/T 73020-2004
：(2) GB 18401-2003	：(2) GB 18401-2003
（直接接触皮肤类）	(직접 피부에 닿는 류)
成份含量：100%棉	성분함량 : 100% 면
质检员 ：Q073	품질 검사 원 : Q073
企业名称：东莞市以柔集团有限公司	기업명 : 똥관시 이러우 집단 유한공사
地 址：东莞市虎门镇镇第三工业区	주소 : 똥관시 후먼진 제 3공업구
电 话：0769-85522027	전화 : 0769-85522027

A 本产品不是全棉的。	A 본상품은 순 면 100%가 아니다.
B 穿本产品的时候，里面可以不穿其他衣服。	B 본제품 착용 시, 그 안에는 다른 옷을 안 입어도 된다.
C 本产品男女都可以穿。	C 본제품은 남녀 공용이다.
D 本产品的袖子应该可以遮盖住手。	D 본제품의 소매는 손을 덮을 수 있다.

 순 면 100%라고 쓰여있으므로 A는 정답이 될 수 없다. 남녀 공용이 아닌 남성복이므로 C도 답이 될 수 없다. 또한 반팔이라고 나와 있기 때문에 소매가 손 까지 닿지 않으므로 또한 답이 될 수 없다. 그러므로 정답은 B 이다.

 短袖衬 duǎnxiùchèn [명] 반소매 셔츠 Ⅰ **接触** jiēchù [동] 닿다, 접촉하다 Ⅰ **棉** mián [명] 목화와 목면의 총칭

遮盖 zhēgài [동] 덮다, 가리다, 씌우다 Ⅰ **住手** zhùshǒu [동] 손(일)을 멈추다, 손을 쉬다, 일을 그만두다

74.

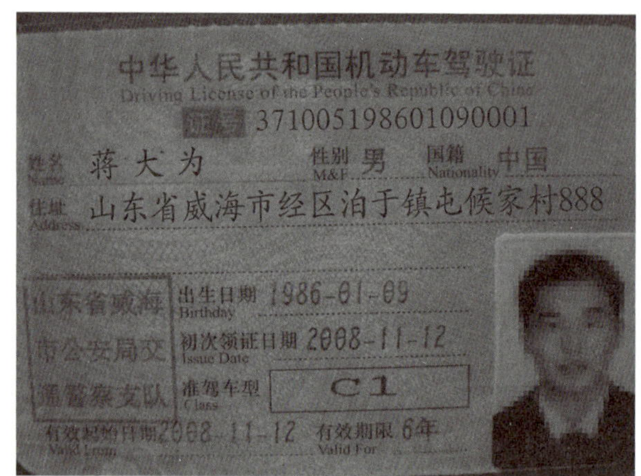

중화인민공화국 자동차 운전 면허증

성명: 지앙따웨이 성별: 남 국적: 중국
주소 : 산동성 웨이하이시 징구 포위진 툰 허우지아촌 888
출생일자: 1986. 01. 09
최초 수령일자: 2008. 11. 12
허가기종: C1
유효 발생 일자:2008. 11. 12
유효 기한: 6년

A 持证人已经开了6年车了。	A 소지자는 이미 6년째 운전하고 있다.
B 持证人获得该证的日期是1986年1月9号。	B 소지자의 본 자격증 취득 일자는 1986년 1월 9일이다.
C 持证人可以开车的资格是在2008年11月12号获得的。	C 소지자는 2008년 11월 12일에 운전 자격을 얻었다.
D 该证5年后将失去效力。	D 본 자격증은 5년후에 효력을 잃을 것이다.

해설 유효기간이 6년이지 6년째 운전하고 있다는 뜻은 아니다. 또한 1986년 1월 9일은 출생 일시를 나타내는 것이다. 또한 최초 수령일자가 발행일 이므로 정답은 C이다.

단어 驾驶证 jiàshǐzhèng [명] 운전 면허증　ㅣ　资格 zīgé [명] 자격

获得 huòdé [동] 얻다, 취득하다　ㅣ　失去 shīqù [동] 잃다, 잃어버리다　ㅣ　效力 xiàolì [명] 효력, 효과, 효능

75.

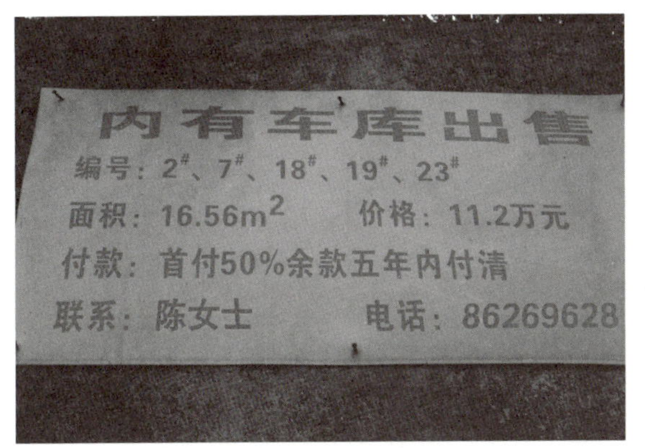

내부 차고지 매각합니다

일련번호: 2#, 7#, 18#, 19#, 23#
면적: 16.56 제곱 미터
가격: 11만 2천 위안
지불: 선불로 50% 잔금은 5년 안에 청산한다.
연락: 천여사 전화: 86269628

A 想购买车位应该先付11.2万元。
B 最大车位的面积是23平方米。
C 购买车位应该先付56000元人民币。
D 余款需要在五年内一次性付清。

A 주차 자리를 사고 싶다면 먼저 11.2만원을 지불해야 한다.
B 가장 큰 주차 자리는 면적이 23평방미터 이다.
C 주차 자리를 구매 하려면 먼저 56000원의 인민폐를 지불해야 한다.
D 잔금은 5년 안에 한번에 정산해야 한다

해설 11.2만위안이 가격이지만 지불란에 보면 "선불로 50%를 한다"라는 항목이 있다. 그러므로 먼저 11.2만위안을 지불하는 것이 아닌 그의 반 값인 56000위안을 먼저 지불 해야 하므로 정답은 C이다.

단어 车库 chēkù [명] 차고 | 出售 chūshòu [동] 팔다, 판매하다, 매각하다 | 购买 gòumǎi [동] 사다, 구매(구입)하다
面积 miànjī [명] 면적 | 余款 yúkuǎn [명] 잔금, 잔고 | 付清 fùqīng [동] 청산하다

76.

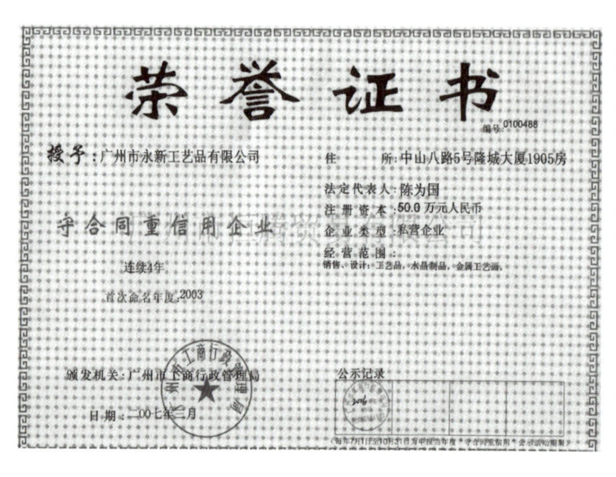

영예증서

일련번호: 0100488

수여: 광주시 항정 공예품 유한공사

주소: 중산팔로 5호 롱청빌딩 1905호

계약 준수 신용기업
　　연속 4년
최초 명명 년도: 2003년

법정대표인: 천 웨이 궈
등록자본: 50만 위안 런민삐
기업유형: 사기업
경영범위:
판매, 디자인, 공예품, 수정제품, 금속공예 등

수여기관: 광저우시 공상행정 관리국
일자 : 2007년 3월 공시기록

A 广州市永新工艺品有限公司于2007年被评
　为守合同重信用企业。

B 广州市永新工艺品有限公司于2003年被评
　为守合同重信用企业。

C 广州市永新工艺品有限公司于2006年被评
　为守合同重信用企业。

D 广州市永新工艺品有限公司于2005年被评
　为守合同重信用企业。

A　광주시 용신 공예품 유한공사는 2007년에
계약 준수 신용기업으로 평가 받았다.

B　광주시 용신 공예품 유한공사는 2003년에
계약 준수 신용기업으로 평가 받았다.

C　광주시 용신 공예품 유한공사는 2006년에
계약 준수 신용기업으로 평가 받았다.

D　광주시 용신 공예품 유한공사는 2005년에
계약 준수 신용기업으로 평가 받았다.

해설 연속 4년간 받았다는 문구가 있고 최초 명명 년도가 2003년 이므로 정답은 B 이다.

단어 合同 hétong [명] 계약서　|　颁发 bānfā [동] (증서나 상장 따위를) 수여하다　|　注册 zhùcè [동] 등록하다, 등기하다
私营 sīyíng [형] 사적으로 경영하는　|　评为 píngwéi [동] ~ 으로 선정하다

77.

<table>
<tr><td>

房屋出租

现有三室一厅户型对外出租，七楼，面积95平米.

地址：电焊条附近

联系人：蒋先生

联系电话：13973157893

有意者面谈！非诚勿扰

</td><td>

집 임대합니다

방 3개 거실 하나 있는 집 세 놓습니다. 7층, 면적은 95 평방미터
주소: 띠엔 한 티아오 근처
연락 담당자: 지앙선생
연락처: 13973157893

원하시는 분 상담합니다. 잘 생각하시고 연락 주세요.

</td></tr>
</table>

<table>
<tr><td>

A 要出租的房屋有四个卧室。

B 要出租的房屋在第七栋。

C 具体的价格可以面对面商量。

D 7楼一共95平米。

</td><td>

A 임대 하려는 집은 침실이 네 개다.

B 임대 하려는 집은 7동에 있다.

C 구체적 가격은 직접 만나서 협상할 수 있다.

D 7층은 다해서 95 평방미터이다.

</td></tr>
</table>

해설 침실이 4개가 아니라 방이 3개이며, 임대하려는 집은 7층이지 7동이 아니므로 A와 B는 답에서 제외가 된다. 또한 위에서 언급한 평수는 집의 평수이지 7층 전체의 평수가 아니므로 D도 답에서 제외가 된다. 또한 구체적 가격이 제시되어 있지 않고 "원하시는 분은 상담 한다" 라는 문구가 있으므로 정답은 C 이다.

단어 **面谈** miàntán [동] 면담하다, 직접 만나서 이야기하다 ㅣ **扰** rǎo [동] 방해하다

卧室 wòshì [명] 침실 ㅣ **具体** jùtǐ [형] 구체적이다

78.

귀메이 3월 25일 전자기기 구매하시면 정말 경제적입니다! (돈을 절약합니다.)
귀메이 전자기기 쑤저우로 치지엔점
3월 25~27일 창고 정리 바겐세일

저렴한 가전 고르시려면 지금 손을 뻗으세요!

1000 위안 구매시 즉시 100위안 할인
3000 위안 구매시 즉시 300위안 할인

쑤저우로 치지엔점
전화: 2612050
주소:쑤저우로 에서 보행자길 입구 (구러우 맞은편)

A 国美将在3月25号到27号举办全国性甩卖活动

B 此广告只限宿州路旗舰店一家。

C 降价的理由是仓库不够用。

D 降价的理由是仓库要进行大扫除。

A 귀메이는 3월 25일부터 27일까지 전국적으로 바겐세일을 한다.

B 이 광고는 쑤저우로 치지엔점에만 한다.

C 할인 이유는 창고가 부족해서이다.

D 할인 이유는 창고 대청소를 하기 위해서다.

해설 전국적이라는 표현은 찾아볼 수 없다. 쑤저우로 치지엔점에서 진행된다고 명확하게 표기 되어있다. 또한 광고 상에 할인 이유에 대해서는 나와 있지 않으므로 정답은 B이다.

단어 清仓甩卖 qīngcāngshuǎimài 창고 정리 바겐 세일 l 限 xiàn [명] 한도,기한, 제한, 한정
扫除 sǎochú [동] 청소하다, 소제하다

79.

구인광고
아동 영어 교사

● 조기 교육 사업에 열정이 있고 친화력 있으며 밝은 성격
● 4년제 대졸 이상의 학력, 본토 발음에 어법이 정확한 사람, 영어 6급 이상 (4급의 회화 능력 우수자도 지원 가능)
● 감화력, 조직 능력, 교학 능력을 갖춘 자
● 업무를 성실히 책임 지고 사람을 대할 때 예의 있으며 임기응변에 강하고 협동정신이 강한 자
● 교육 전공자 우대, 남녀 무관

여러분의 입사를 진심으로 환영합니다!
회사는 귀하를 위해 쾌적한 사무 환경과 완벽한 양성 계획, 자기계발 공간 및 높은 급여 및 복리조건을 제공합니다.

A 应聘者必须为英语六级以上。	A 지원자는 반드시 영어 6급 이상이어야 한다.
B 英语四级以上的人，如果口语好也可以应聘。	B 영어 4급 이상도 회화 능력이 우수하면 지원할 수 있다.
C 必须有教育专业背景。	C 반드시 교육 전공이어야 한다.
D 本广告招聘的教师的教授对象是中学生。	D 본 광고가 채용하는 교사의 교육 대상은 중학생이다.

해설 지원자는 영어가 6급 이상이어야 하지만 하단에 "4급 이상 이라도 회화가 능통하면 지원 가능하다" 라고 기재되어 있으므로 정답은 B이다. 또한 정확한 전공에 대한 요구가 없이 4년제 대졸 이상의 학력을 요구하고 있으므로 C와 D 는 답에서 제외된다.

단어 招聘 zhāopìn [동] (공모의 방식으로) 모집하다, 초빙하다 ∣ 开朗 kāilǎng [형] 명랑하다, 활달하다
学历 xuélì [명] 학력 ∣ 纯正 chúnzhèng [형] 순수하다, 오리지널이다 ∣ 正确 zhèngquè [형] 정확하다, 올바르다
出众 chūzhòng [형] 출중하다, 뛰어나다 ∣ 感染力 gǎnrǎnlì [명] 감화력, 호소력 ∣ 负责 fùzé [동] 책임지다
应变能力 yìngbiànnénglì 임기응변 능력 ∣ 强烈 qiángliè [형] 강렬하다, 맹렬하다
邀请 yāoqǐng [동] 초청하다, 초대하다 ∣ 提供 tígōng [동] 공급하다, 제공하다
完善 wánshàn [형] 완전하다, 완벽하다 ∣ 广阔 guǎngkuò [형] 넓다, 광활하다
优厚 yōuhòu [형] (보수나 대우 등이) 좋다, 후하다 ∣ 薪资 xīnzī [명] 봉급, 급료, 급여 ∣ 福利 fúlì [명] 복지, 복리
待遇 dàiyù [명] (급료·보수·권리·지위 등의) 대우, 대접 ∣ 应聘 yìngpìn [동] 초빙에 응하다, 지원하다

80.

本人于2013年9月19日的预产期，经医生建议，定于2013年8月31日提前待产，特从2013年8月31日开始请假，期限为150天，请领导予以批准，谢谢！

申请人：张馨雨

2013年8月16日

A 请假人请假的原因是公司停产。
B 请假人请假的原因是要生孩子。
C 请假人请假的原因是要结婚。
D 请假人请假的原因是准备工厂的生产。

A 신청인의 휴가 신청 이유는 회사의 생산 중단이다.
B 신청인의 휴가 신청 이유는 아이를 낳기 위함이다.
C 신청인의 휴가 신청 이유는 결혼하기 위함이다.
D 신청인의 휴가 신청 이유는 공장의 생산을 준비하기 위함이다.

해설 "출산 예정일을 앞당겼기에 휴가를 청하였다" 라고 쓰여 있으므로 정답은 B이다.

단어 预产期 yùchǎnqī [명] 출산 예정일 | 定于 dìngyú [동] (~에) 예정하다, (~에 의하여) 정하다

提前 tíqián [동] (예정된 시간·위치를) 앞당기다 | 待产 dàichǎn [동] 출산을 기다리다, 산기가 있다

请假 qǐngjià [동] (휴가·조퇴·외출·결근·결석 등의 허락을) 신청하다 | 期限 qīxiàn [명] 기한, 시한

领导 lǐngdǎo [명] 영도자, 지도자 | 予以 yǔyǐ [동] ~을 (를) 주다 | 批准 pīzhǔn [동] 비준하다, 허가하다, 승인하다

停产 tíngchǎn [동] 생산을 중지하다

81.

消火栓

使用说明

一、先打开箱门，取下水枪、水带；

二、敲碎消防报警按钮防护罩，向消控中心报警。

三、将水带一端连接出水口，水带敷设到燃烧点 3 米处，接好水枪头；

四、逆时针旋转消火栓阀门打开水阀，水枪水流对准燃烧点喷射；

五、出水后，水带须晾晒、整理、复位。

消火栓使用方法

소화전

사용 설명

첫째, 먼저 소화전 상자 문을 열고 분사총과 호스를 빼낸다.

둘째, 소방 경보 스위치의 보호덮개를 깨고 소방통제 센터에 신고한다.

셋째, 호스의 한 쪽을 출수구에 연결한다 호스를 연소지점에서 3미터 되는 곳에 설치하고 분사총을 잘 끼운다.

넷째, 시계 반대 방향으로 소화전 밸브를 돌려 수문 밸브를 연다. 분사총의 물줄기를 연소지점에 조준해 분사한다.

다섯째, 출수 후에 호스는 햇볕에 말려 정리하고 제 위치에 둔다.

A 接好水枪头以后要报警。

B 出水后的水带需要放回原来的位置。

C 逆时针旋转消火栓阀门是打不开水阀的。

D 出水后的水带可以直接整理。

A 분사총을 끼운 후에 신고한다.

B 사용하고 난 후의 호스는 원래의 위치에 둬야 한다.

C 시계 반대방향으로 소화전 개폐기를 돌리면 수문 밸브를 열 수 없다.

D 출수 후에 호스는 바로 정리해도 된다.

해설 "분사총을 끼우고 밸브를 열어 분사한다" 라고 쓰여 있으므로 A는 답에서 제외된다. 또한 "시계 반대 방향으로 돌려야 밸브를 열 수 있고 출수 후에 호스는 햇볕에 말려 정리하라" 라고 쓰여 있으므로 C와 D 도 답에서 제외 된다.

5번 설명에 "제 위치에 둔다" 라는 말이 있으므로 정답은 B 가 된다.

단어 消火 xiāohuǒ [동] 소화하다, 불을 끄다 ∣ 敲碎 qiāosuì [동] 깨트리다

消防 xiāofáng [명] 소방, 소화와 방화 ∣ 报警 bàojǐng [동] 경찰에 신고하다

敷设 fūshè [동] 설치하다 ∣ 逆时针 nìshízhēn [형] 반시계 방향의, 역시계 방향의

旋转 xuánzhuǎn [동] (빙빙) 돌다, 회전하다, 선회하다, 돌리다 ∣ 燃烧 ránshāo [동] 연소하다, 타다

喷射 pēnshè [동] 분사하다, 내뿜다 ∣ 晾晒 liàngshài [명] 햇볕에 널어 말리다

复位 fùwèi [동] 제 위치로 회복되다 ∣ 位置 wèizhi [명] 위치

82.

<table>
<tr><td colspan="2" align="center">具体日程安排</td></tr>
<tr><td align="center">时　间</td><td align="center">内　容</td></tr>
<tr><td>4 月 13 日-19 日</td><td>向省招考院提报审核 2012 年学院单独招生章程，并向社会公布，开展宣传工作。考生登录学院网站单独招生专栏进行网上报名（学院网址：http://www.qtc.edu.cn）。</td></tr>
<tr><td>4 月 20 日</td><td>考生资格审核，确定参加考核的考生名单。</td></tr>
<tr><td>4 月 21 日</td><td>网上公布符合条件的考生名单。</td></tr>
<tr><td>4 月 29 日</td><td>考生现场确认，领取准考证。时间：8：30-17：00，地点：青岛市黄岛区钱塘江路 369 号。</td></tr>
<tr><td>4 月 30 日</td><td>考核工作</td></tr>
<tr><td>5 月 4 日-9 日</td><td>向省教育招生考试提报录取考生成绩库。拟录库，同时在学院校园网上公示拟录取名单。</td></tr>
<tr><td>5 月 15 日后</td><td>发放录取通知书</td></tr>
</table>

<table>
<tr><td colspan="2" align="center">상세 일정 계획</td></tr>
<tr><td align="center">시간</td><td align="center">내용</td></tr>
<tr><td>4월13일
-19일</td><td>성(省) 학생 모집 고시원에 2012년 대학 단독 응시생 모집 규정을 제출하여 심사받는 동시에 외부에 알리고 홍보 업무를 시작한다. 응시생은 대학 사이트에 로그인하여 단독 응시생 모집란에서 온라인 등록을 진행한다.
(대학 사이트:http://www.qtc.edu.cn)</td></tr>
<tr><td>4월 20일</td><td>응시생 자격 심의를 진행하여, 심사에 참가하는 응시생 명단을 확정한다</td></tr>
<tr><td>4월 21일</td><td>인터넷으로 조건에 부합하는 응시생 명단을 발표한다</td></tr>
<tr><td>4월 29일</td><td>응시생은 현장에서 확인하고 수험표를 수령한다.
시간 8:30-17:00,
장소: 칭따오시 황따오구 치엔탕지앙로 369호</td></tr>
<tr><td>4월 30일</td><td>심사 업무</td></tr>
<tr><td>5월 4일
-9일</td><td>성(省) 교육학생모집고시처에 합격 수험생 성적 데이터를 미리 등록한다.합격 데이터를 작성하는 동시에 대학 캠퍼스 인터넷에 합격자 명단을 공시한다.</td></tr>
<tr><td>5월15일 후</td><td>합격 통지서 배포</td></tr>
</table>

A 考生从4月20号开始可以在网上查询自己是否在考生名单中。

B 报名截至日期是4月20号。

C 考生应该去青岛市黄岛区钱塘江路369号领取准考证。

D 考生可以在5月15号当天拿到录取通知书。

A 수험생은 4월 20일부터 인터넷에서 본인이 수험생 명단에 들었는지 여부를 알아볼 수 있다.

B 등록은 4월 20일 까지다.

C 수험생은 칭따오시 황따오구 치엔탕지앙로 369호로 수험표를 받으러 가야한다.

D 수험생은 5월 15일 당일 합격 통지서를 가져갈 수 있다.

해설 표의 4월 29일 일정을 보면 "青岛市黄岛区钱塘江路369号에서 수험표를 받는다." 라고 쓰여있다. 따라서 정답은 C이다.

단어 审核 shěnhé [동] 심사하여 결정하다 ｜ 招生 zhāoshēng [동] 신입생을 모집하다

公布 gōngbù [동] 공포 (공표)하다 ｜ 开展 kāizhǎn [동] 전개되다

章程 zhāngchéng [명] 장정, 규정 ｜ 宣传 xuānchuán [동] 선전하다, 홍보하다

专栏 zhuānlán [명] (신문·잡지의) 특별란, 전문란 ｜ 领取 lǐngqǔ [동] 받다, 수령하다

准考证 zhǔnkǎozhèng [명] 수험표 ｜ 考核 kǎohé [동] 심사하다

录取 lùqǔ [동] 채용하다, 고용하다, 합격시키다 ｜ 拟 nǐ [동] 기초하다, 입안하다

截至 jiézhì [동] ~ 까지 마감이다

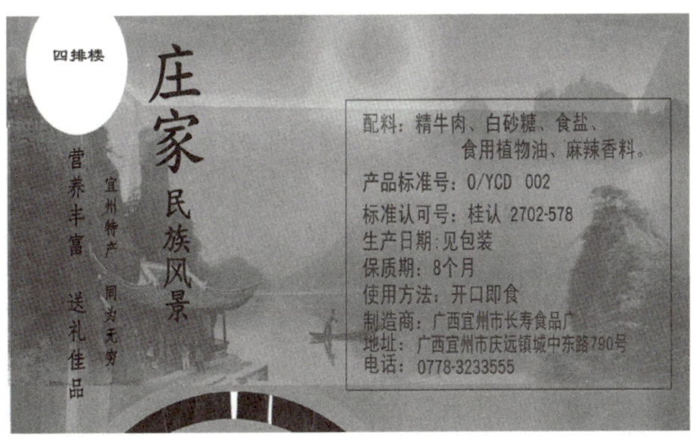

풍부한 영양 선물용으로 제격
이저우 특산 뒷맛이 무궁무진하다
쭈앙 지아 민족의 맛

원료: 쇠고기 살코기, 백설탕, 소금, 식용
유, 마라향료
상품 표준 번호: 0/YCD 002
표준 인가 번호: 광시 인증 2702-578
생산 일자: 겉면에 표기
유통 기한: 8개월
사용 방법: 개봉 후 바로 섭취
제조 업체: 광시 이저우시 창쇼우 식품 공장
주소: 광시 이저우시 칭위엔진 청쫑뚱로
790호
전화: 0778-3233555

A 本产品不标注生产日期。
B 打开后，直接吃就可以了，不用再做加工。
C 本产品还没有获得标准认可。
D 本产品不辣。

A 본 상품은 생산일자 표기가 되어있지 않다.
B 개봉 후에 별다른 조리 없이 바로 먹을 수
있다.
C 본 상품은 아직 표준인가를 받지 않았다.
D 본 상품은 맵지 않다.

해설 사용 방법에 "개봉 후 바로 섭취" 라고 쓰여 있으므로 정답은 B이다. 생산일자는 겉면에 표기 되어 있어 A는 정답에서 제외
되며, 표준인가 번호가 적혀있으므로 C는 답에서 제외된다. 또한 "麻辣香料"는 중국의 향신료 중의 하나로 맵고 얼얼한 맛
의 향신료 이기 때문에 D역시 답에서 제외된다.

단어 回味无穷 huíwèiwúqióng [성어] (식사 후의) 뒷맛이 무궁무진하다 ┃ 认可 rènkě [동] 승낙하다, 인가하다
即食 jíshí [동] 곧바로 먹을 수 있다 ┃ 标注 biāozhù [동] 표시하다, 주석을 달다 ┃ 加工 jiāgōng [동] 가공하다
获得 huòdé [동] 얻다, 취득하다, 획득하다

84.

持卡须知

1. 非会员消费累积500元，可办理会员卡；或直接30元支付购买会员卡。
2. 会员持会员卡可享受美魅坊连锁店商品原价的7.5折优惠。
3. 美魅坊连锁店采取会员卡积分制，会员在本连锁店消费一元为一分，按折后价兑现积分，会员所积累的积分可折成现金券在本连锁店购买任何商品，50积分折成一元现金券。
4. 美魅坊连锁店促销期间，部分产品高于七五折以七五折为准，低于七五折以促销价为准，均不重复打折。
5. 会员卡只限本人使用。
6. 美魅坊连锁店属深圳市依尚贸易公司(WWW. YISA. CN)旗下形象店，公司保留解释权。

카드 사용시 주의 사항

1. 비회원은 구매액이 500위안이 누적되면 회원카드를 만드실 수 있고 혹은 바로 30위안을 지불하면 회원 카드를 구매 할 수 있습니다.
2. 회원은 회원카드로 메이메이팡 체인점의 상품을 원가의 25% 할인 된 가격으로 누릴 수 있습니다.
3. 메이메이팡 체인점은 회원 마일리지 제도를 운영하며 본 체인점에서 1원을 소비하면 1점이 적립되고 할인 후의 가격에 따라 마일리지를 지급합니다. 회원의 누적된 마일리지는 현금 상품권으로 바꿔 본 체인점에서 어떤 상품이든 구매할 수 있으며50마일리지를 1원의 현금상품권으로 환산합니다.
4. 메이메이팡 체인점의 프로모션 기간의 경우에는 일부 상품이 25%보다 적게 할인하는 것은 25%를 기준으로 하고, 25%보다 많이 할인하는 것은 특가를 기준으로 하되, 이 경우에는 중복 할인이 불가 합니다.
5. 회원카드는 본인만 사용하도록 제한합니다.
6. 메이메이팡 체인점은 션쩐시 이샹 무역회사 (www.yisa.cn)에 속한 독점판매점으로 회사가 해석권을 갖는다.

A 支付500元可以直接购买会员卡。
B 本卡可以多人一起使用。
C 兑现积分时应该按照原价兑换。
D 积分可以折成现金消费。

A 500위안을 지불 하면 바로 회원카드를 구매 할 수 있다.
B 본 카드는 여러 사람이 함께 사용 할 수 있다.
C 마일리지 전환 시 원가에 따라 적립한다.
D 마일리지는 현금으로 환산하여 소비할 수 있다.

해설 3번 문항을 보면 "누적된 마일리지는 현금 상품권으로 바꿔 사용 할 수 있다"라고 쓰여 있으므로 정답은 D이다.

단어 累积 lěijī [명] 누계액 ｜ 办理 bànlǐ [동] 처리하다, 취급하다

支付 zhīfù [동] 지불하다 ｜ 享受 xiǎngshòu [동] 누리다, 향유하다

连锁店 liánsuǒdiàn [명] 체인점 ｜ 优惠 yōuhuì [형] 특혜의, 우대의

采取 cǎiqǔ [동] (방침・수단・정책・조치・형식・태도 등을) 채택하다, 취하다

积分制 jīfēnzhì 누계 점수제, 포인트 시스템 ｜ 兑现 duìxiàn [동] (수표・어음 등을) 현금으로 바꾸다

任何 rènhé [대] 어떠한, 무슨 ｜ 促销 cùxiāo [명] 판촉 ｜ 重复 chóngfù [동] (같은 일을) 반복하다, 되풀이하다

兑换 duìhuàn [동] 환전하다

85.

양봉장에서 와서 품질 걱정 없어요
'시아오펑왕' 토종꿀은 천연 마편초꿀, 아카시아꿀, 유채꿀을 엄선하여 정제해서 만든 천연식품으로써 어떠한 첨가제도 함유하고 있지 않으며 장기간 복용 시 건강에 유익합니다.

생산 일자: 라벨 또는 병 뚜껑을 확인하세요.
품질 보증 기간: 24개월
집행 기준: GB18796-2014 강제성 요구에 부합
생산 인가 번호: QS420926010079
원료: 아카시아꿀, 마편초꿀, 유채꿀
원산지: 후베이 시아오간
품질 등급: 1등급
식용 방법: 직접 복용하거나 식품에 발라먹고 따뜻한 물,우유,녹두탕,죽에 타먹거나 채소나 과일 샐러드 용으로도 가능합니다.
저장 방법: 그늘지고 서늘하고 건조한 곳에 밀봉하여 보관하세요.
주의 사항: 영양 파괴를 막기 위해 끓는 물에 넣어 음용 하지 마세요.(60도 이하) 만일 백색의 침전물이 생겼다면 꿀의 결정이니 안심하고 드십시오.
생산상: 후베이 시아오펑왕 양봉업 식품 유한공사
주소: 후베이시 시아오간시 원멍시엔대교
판매 전화: 0712-3249277/3238607

A 本产品添加剂对人体无害。
B 食用时可以用开水冲饮。
C 本产品变质的话，可以出现白色结晶。
D 本产品保质期为2年。

A 본 상품의 첨가제는 인체에 무해하다.
B 복용시 끓는 물에 타 마셔도 된다.
C 본 상품이 변질되면 흰색 결정이 나타날 수 있다.
D 본 상품의 품질 보증 기간은 2년이다.

해설 품질 보증 기간을 보면 "24개월"이라고 적혀있다. "24개월"은 "2년" 이므로 정답은 D이다.

단어
精选 jīngxuǎn [동] 정선하다, 세밀하게 고르다　ǀ　精制 jīngzhì [동] 정제하다

添加剂 tiānjiājì [명] 첨가제　ǀ　服用 fúyòng [동] 먹다, 복용하다

有益 yǒuyì [동] 유익하다, 도움이 되다　ǀ　瓶盖 pínggài [명] 병마개, 병뚜껑

保质期 bǎozhìqī [명] 품질 보증 기간　ǀ　执行 zhíxíng [동] 집행하다, 수행하다

配料 pèiliào [동] 원료를 배합하다　ǀ　涂抹 túmǒ [동] 칠하다, 바르다　ǀ　调入 diàorù 전입

拌 bàn [동] 버무리다, 무치다　ǀ　贮存 zhùcún [동] 저축해 두다, 저장하다　ǀ　密封 mìfēng [동] 밀봉하다, 밀폐하다

以免 yǐmiǎn [접] ~ 하지 않도록, ~ 않기 위해서　ǀ　沉淀 chéndiàn [동] 침전하다, 가라앉다

结晶 jiéjīng [명] 결정체, 결정　ǀ　无害 wúhài [동] 무해하다, 해롭지 않다

아래의 글을 읽고, A, B, C, D 네 개의 답안 중 가장 적합한 한 개의 답을 고르세요.

86.

十二生肖的说法源于干支纪年法，传说产生于夏，但没有确凿的证据。可以考证的是，至少在汉代，十二生肖与地支的相配体系已经固定下来了。在汉代以前，我国还没有真正意义上的家猫，无论是《礼记》中所说的山猫，还是《诗经》中"有熊有罴，有猫有虎"的豹猫，都是生活在野外的野生猫。我们今天饲养的家猫的祖先，据说是印度的沙漠猫。印度猫进入中国的时间，大约是始于汉明帝，那正是中印交往通过佛教而频繁起来的时期。因此，猫来到中国的时间，距离干支纪年法的产生，恐怕已相差千年了，所以来晚了的猫自然没有被纳入十二生肖中。

열두 띠 이야기는 간지기년법(간지로 해를 기록하는 방법)에서 나왔다. 전설은 하(夏)나라에서 기원했으나 확실한 증거는 없다. 고증할 만한 것은 적어도 한(汉)나라 시대에 띠와 십이지 사이의 조합 체계가 이미 굳어졌다는 것이다. 한(汉)나라 시대 이전에, 중국에는 진정한 의미의 집고양이가 없었다.《예기》에서 말하고 있는 산(山)고양이건, 아니면《시경》에서 "곰이 있고 큰 곰도 있고, 고양이도 있고 호랑이도 있다"는 글귀 가운데의 살쾡이건, 모두 야생에서 생활하는 야생 고양이들이었다. 우리가 오늘날 사육하고 있는 집고양이의 선조는 인도의 사막고양이라고 전해진다. 인도 고양이가 중국에 들어온 건 대략 한명제(汉明帝) 때부터 시작되었다. 그때는 마침 중국과 인도가 불교를 통해 교류가 빈번해지기 시작하던 시기이다. 그러므로 고양이가 중국에 온 시간과 간지기년법이 만들어진 시기와의의 거리가 이미 서로 천년 가까이 차이가 나기때문에, 늦게 들어온 고양이는 자연히 십이지에 들지 못하게 되었다.

猫为什么没有进入十二生肖中？

A 因为是山猫
B 因为是印度猫
C 因为十二生肖比家猫产生得早
D 因为汉代还没有猫这种动物

고양이는 왜 십이지간에 포함되지 못했는가?

A 산고양이기 때문에
B 인도고양이기 때문에
C 십이지간의 발생이 집고양이의 출현보다 이르기 때문에
D 한(汉)나라 시대에 아직 고양이과가 없었기 때문에

해설 마지막 문장에 "고양이가 중국에 온 시간과 간지기년법이 만들어진 시기가 이미 천년 가까이 차이가 나기에 고양이는 십이지간에 들지 못하게 되어있다." 라고 쓰여 있으므로 정답은 C이다.

단어 十二生肖 shí'èrshēngxiào [명] 12가지 띠 ㅣ 源于 yuányú [동] ~에서 발원하다 ㅣ 确凿 quèzáo [형] 확실하다, 확고하다
证据 zhèngjù [명] 증거 ㅣ 考证 kǎozhèng [동] 고증하다 ㅣ 相配 xiāngpèi [형] 서로 어울리다, 짝이 맞다
罴 pí [명] 큰 곰 ㅣ 豹猫 bàomāo [명] 살쾡이 ㅣ 纳入 nàrù [동] 집어넣다, 포함시키다

87.

聘任制公务员是指机关与拟聘人员按照平等自愿、协商一致的原则，通过签订聘任合同明确双方权利、义务而任命的公务员。其特点是：合同管理、平等协商、任期明确。根据公务员法规定，实行聘任制的是机关专业性较强的职位和辅助性职位。聘任制公务员要按照公务员法和聘任合同进行管理。不实行公务员法有关录用、职务任免、职务升降、交流、辞退、申诉和工资福利等规定，其聘任年限、职位职责要求，工资、福利、保险待遇，违约责任以及聘任合同变更、解除、终止的条件由聘任合同规定。

초빙 임용제 공무원은 기관과 지원자가 평등한 자원, 협상 일치의 원칙에 따라 초빙 임용제 계약을 통해 쌍방의 권리와 의무를 명확히 하여 임명하는 공무원을 칭한다. 그 특징은 계약관리, 평등 협상, 임기가 명확하다는 것이다. 공무원법 규정에 근거하여 기관의 전문성이 비교적 강한 직위나 보조적 지위에서 초빙 임용제를 실시한다.

초빙 임용제 공무원은 공무원법과 초빙임용 계약에 따라 관리를 진행한다.

임용, 직무임명 및 해임, 직무 등락, 교류, 사직, 상소와 임금 복리 등과 유관한 규정은 공무원법을 적용하지 않고 초빙 임용 연한, 직위와 직책 요구, 임금, 복리, 보험 대우, 위약 책임 및 초빙 임용계약 변경, 고용해지, 종결 조건은 초빙임용계약 규정에 따른다.

关于聘任制公务员正确的是：

A 通过国家公务员录用考试后聘任的
B 一般都是专业性较强和辅助性职位
C 不必按照公务员法进行管理
D 没有福利和保险

초빙임용제 공무원에 관해 정확한 것은?

A 국가 공무원 채용고시를 통해 임용한다
B 일반적으로 전문적이고 보조적인 지위이다
C 공무원법에 따라 관리할 필요가 없다
D 복리와 보험이 없다

해설 3번째 줄에 보면 **根据公务员法规定，实行聘任制的是机关专业性较强的职位和辅助性职位**(공무원법 규정에 근거하여 기관의 전문성이 비교적 강한 직위나 보조적 지위에서 초빙 임용제를실시한다) 라고 쓰여 있다. 그러므로 정답은 B 이다.

단어 聘任制 pìnrènzhì [명] 초빙 임용제, 초빙제 ㅣ 协商 xiéshāng [동] 협상하다, 협의하다

签订 qiāndìng [동] (조약을) 체결하다 ㅣ 任命 rènmìng [동] 임명하다 ㅣ 合同 hétong [명] 계약서

任期 rènqī [명] 임기 ㅣ 辅助 fǔzhù [동] 거들어 주다, 돕다 ㅣ 录用 lùyòng [동] 채용하다, 임용하다

任免 rènmiǎn [동] 임명하고 해임하다 ㅣ 升降 shēngjiàng [동] 오르고 내리다, 오르내리다

辞退 cítuì [동] 해고하다, 해직시키다 ㅣ 申诉 shēnsù [동] 상소하다, 상고하다 ㅣ

违约 wéiyuē [동] 약속을 어기다, 위약하다, 계약을 위반하다 ㅣ 变更 biàngēng [동] 변경하다, 바꾸다, 고치다

解除 jiěchú [동] 없애다, 제거하다 ㅣ 终止 zhōngzhǐ [동] 마치다, 정지하다, 중지하다, 끝내다

<table>
<tr><td>

考勤制度

一、为加强考勤管理，维护工作秩序，提高工作效率，特制定本制度。

二、公司员工必须自觉遵守劳动纪律，按时上下班，不迟到，不早退，工作时间不得擅自离开工作岗位，外出办理业务前，须经本部门负责人同意。

三、周一至周六为工作日，周日为休息日。公司机关周日和夜间值班由办公室统一安排，市场营销部、项目技术部、投资发展部、会议中心周日值班由各部门自行安排，报分管领导批准后执行。因工作需要周日或夜间加班的，由各部门负责人填写加班审批表，报分管领导批准后执行。节日值班由公司统一安排。

四、严格请、销假制度。员工因私事请假1天以内的（含1天），由部门负责人批准；3天以内的（含3天），由副总经理批准；3天以上的，报总经理批准。副总经理和部门负责人请假，一律由总经理批准。请假员工事毕向批准人销假。未经批准而擅离工作岗位的按旷工处理。

</td><td>

근태 심사 제도

1. 근태 관리 강화, 업무 질서 유지, 업무 효율 향상을 위해 본 제도를 특별히 제정한다.

2. 회사 직원은 필히 자발적으로 노동기율을 준수하여 정시에 출퇴근 하고 지각하지 않으며 조기퇴근을 하지 않는다. 업무시간에는 마음대로 근무지를 이탈 할 수 없으며 외근 전에는 본 부서 책임자의 동의를 거쳐야 한다.

3. 월요일부터 토요일까지를 근무일로 하며, 일요일은 휴일로 한다. 회사 기관의 휴일과 야간 당직은 사무실에서 일괄배정하고, 시장 마케팅부, 프로젝트 기술부, 투자 개발부, 회의센터의 당직은 각 부서에서 따로 배정하며 각 관리 간부에게 보고하여 승인 후 실시한다. 업무상 필요에 의해 일요일 혹은 야간에 초과근무를 하게 되면 각 부문의 책임자가 초과근무 심의 비준표를 작성하여 각 관리 간부에게 보고하여 승인 후 실시한다.기타 휴일 당직은 회사가 일괄 배정한다.

4. 휴가신청, 복귀 보고를 엄격히 한다. 직원의 사적인 일로 인한 1일 내의 휴가신청은 (1일 포함) 부서 책임자가 승인하고 3일 이내는 (3일 포함) 부사장이 승인한다. 3일 이상에 대해서는 사장에게 보고하여 승인한다. 부사장과 부서 책임자의 휴가신청은 일률적으로 사장이 승인한다. 휴가를 신청한 직원은 휴가를 마친 후 승인자에게 복귀보고를 한다. 승인을 거치지 않고 멋대로 근무지를 이탈한 것에 대해서는 무단 결근으로 처리한다.

</td></tr>
</table>

단어　考勤 kǎoqín [동] 출근(출석)을 기록하다, 근태 심사 ｜ 加强 jiāqiáng [동] 강화하다, 증강하다

维护 wéihù [동] 유지하고 보호하다 ｜ 秩序 zhìxù [명] 질서 ｜ 自觉 zìjué [동] 자각하다, 스스로 느끼다

纪律 jìlǜ [명] 기율, 기강, 법도 ｜ 擅自 shànzì [동] (월권하여) 자기 멋대로 하다, 독단적으로 하다

岗位 gǎngwèi [명] 직장, 부서, 근무처 ｜ 营销 yíngxiāo [동] (상품을) 판매하다, 마케팅하다

投资 tóuzī [동] 투자하다 ｜ 自行 zìxíng [부] 스스로, 자체로 ｜ 执行 zhíxíng [동] 집행하다, 실행하다

填写 tiánxiě [동] (일정한 양식에) 써 넣다, 기입하다 ｜ 审批 shěnpī [동] 심사하여 비준하다

批准 pīzhǔn [동] 비준하다, 허가하다 ｜ 销假 xiāojià [동] 휴가를 마치고 복귀 보고를 하다

私事 sīshì [명] 사적인 일, 개인의 일 ｜ 一律 yílǜ [부] 일률적으로, 예외 없이

五、上班时间开始后5分钟至30分钟内到班者，按迟到论处；超过30分钟以上者，按旷工半天论处。提前30分钟以内下班者，按早退论处；超过30分钟者，按旷工半天论处。

六、1个月内迟到、早退累计达3次者，扣发5天的基本工资；累计达3次以上5次以下者，扣发10天的基本工资；累计达5次以上10次以下者，扣发当月15天的基本工资；累计达10次以上者，扣发当月的基本工资。

七、旷工半天者，扣发当天的基本工资、效益工资和奖金；每月累计旷工1天者，扣发5天的基本工资、效益工资和奖金，并给予一次警告处分；每月累计旷工2天者，扣发10天的基本工资、效益工和奖金，并给予记过1次处分；每月累计旷工3天者，扣发当月基本工资、效益工资和奖金，并给予记大过1次处分；每月累计旷工3天以上，6天以下者，扣发当月基本工资、效益工资和奖金，第二个月起留用察看，发放基本工资；每月累计旷工6天以上者（含6天），予以辞退。

八、员工按规定享受探亲假、婚假、产育假、节育手术假时，必须凭有关证明资料报总经理批准；未经批准者按旷工处理。员工病假期间只发给基本工资。

5. 출근시간 시작 후 5분에서 30분 내에 도착한 자에 대해서는 지각 처분 하고 30분이상 초과한 자에 대해서는 무단 결근 처리 한다. 30분 전에 퇴근 하는 자는 조기퇴근으로 처리하고 30분 이상 조기 퇴근 자는 무단 결근 처리 한다.

6. 1개월 내 지각, 조기퇴근 누계가 3번에 달하면 5일분의 기본 급여를 제하고 지급한다. 누계가 3번 이상 5번 이하에 달하면 10일분의 기본 급여를 제하고 지급하며, 누계가 5번 이상 10번 이하에 달하면 15일분의 기본 급여를 제하고 지급한다. 누계가 10회 이상에 달하면, 당월의 기본 급여를 제하고 지급한다.

7. 반 무단 결근한 자는 당일의 기본 급여, 인센티브와 보너스를 제하고 지급한다. 매월 누계 하루 무단 결근 한자는 5일분의 기본 급여, 인센티브와 보너스를 제하고 지급하며 1회 경고 처분한다. 매월 누계 이틀 무단 결근 한자는 10일분의 기본 급여, 인센티브와 보너스를 제하고 1회 기과(=잘못을 기록하다)처분을 한다. 매월 무단결근 누계가 3일 이상 6일 이하인 자는 당월 기본 급여, 인센티브, 보너스를 제하고 임용은 유지하되 관찰하면서 기본급여만 지급한다. 매월 누계 무단 결근 6번 이상인자는 (6일 포함) 해고 처분한다.

8. 직원은 규정에 따라 가족 방문 휴가, 결혼 휴가, 출산 육아 휴가, 가족 계획 관련 수술 휴가를 보낼 시에는 반드시 관련 증명 자료에 의거해 보고하고 사장에게 승인 받는다. 승인을 거치지 않은 자는 무단결근에 의거해 처리한다. 직원의 병가 기간에는 기본 급여만 지급 한다.

88.

<table>
<tr><td>

项目技术部节假日值班需要：

A 办公室统一安排
B 自己部门自行安排
C 报总经理批准
D 自己部门自行安排，报分管领导后执行

</td><td>

프로젝트기술부는 명절과 휴가기간에 당직을 맡을 시:

A 사무실은 통일시켜 배정한다.
B 각자의 부서는 각자 배정한다.
C 사장에게 보고하여 승인받는다.
D 각자의 부서는 직접 배정하고, 각 관리 간부에게 보고하여 승인 후 실시한다.

</td></tr>
</table>

해설 3번째 조항에 보면 "**市场营销部、项目技术部、投资发展部、会议中心周日值班由各部门自行安排，报分管领导批准后执行。**(시장 마케팅부, 프로젝트 기술부, 투자 개발부, 회의센터의 당직은 각 부서에서 따로 배정하며 각 관리 간부에게 보고하여 승인 후 실시한다)"라고 나와 있으므로 정답은 D 이다.

89.

<table>
<tr><td>

请假事毕后应该怎么办？

A 自动上班就可以了
B 向批准人销假
C 需要和副总经销假
D 没有具体规定

</td><td>

휴가를 마치고 난 후 반드시 어떻게 해야 하는가?

A 자발적으로 출근하면 된다.
B 승인자에게 복귀 보고를 한다.
C 부사장과 복귀 보고를 해야 한다.
D 구체적 규정이 없다.

</td></tr>
</table>

해설 4번째 조항에 보면 "**请假员工事毕向批准人销假。**(휴가를 신청한 직원은 일을 마친 후 승인자에게 복귀보고를 한다.)"라고 나와 있으므로 정답은 B이다.

90.

<table>
<tr><td>

如果一个人迟到40分钟将会：

A 按迟到论处
B 按照旷工一天论处
C 扣发5天工资
D 扣发当天的基本工资、效益工资和
　奖金

</td><td>

만약 한 사람이 40분을 지각한다면:

A 지각 처리한다
B 하루 무단 결근 처리한다
C 5일간의 급여를 제한고 지급한다
D 당일의 기본 급여, 인센티브와 보너스를
　제하고 지급한다

</td></tr>
</table>

해설 5번째 조항에 보면 "超过30分钟以上者，按旷工半天论处。(30분이상 초과한 자에 대해서는 무단 결근 처리 한다)" 라고 나와 있으며 7번째 조항에는 "旷工半天这，扣发当天的基本工资、效益工资和奖金。(무단 결근 한 자는 당일의 기본 급여, 인센티브와 보너스를 제하고 지급한다)"라고 나와 있기 때문에 정답은 D이다.

91.

<table>
<tr><td>

如果一个人一个月连续迟到50分钟两次，他将会：

A 扣发当天的基本工资、效益工资和
　奖金。
B 扣发5天的基本工资、效益工资和奖。
C 扣发5天的基本工资、效益工资和
　奖金，并给予一次警告处分。
D 扣发5天的基本工资、效益工资和
　奖金，并给予记大过一次处分。

</td><td>

만약에 한 사람이 한 달에 연속 50분 2번 지각했다면 그는:

A 당일의 기본임금, 인센티브와 보너스를 제하고
　지급한다.
B 5일간의 기본임금, 인센티브와 보너스를 제하
　고 지급한다.
C 5일간의 기본임금, 인센티브와 보너스를 제하
　고 지급하며 한번의 경고처분을 받는다.
D 5일간의 기본임금, 인센티브와 보너스를 제하
　고 지급하며 한번의 중대 기과 처분을 받는다.

</td></tr>
</table>

해설 5번째 조항에 보면 "超过30分钟以上者，按旷工半天论处。(30분이상 초과한 자에 대해서는 무단 결근 처리 한다)"라고 나와 있다. 조기 퇴근이 2번이면 하루 결근에 속한다. 따라서 7번째 조항에 "매월 누계 이틀 결근 한자는 5일분의 기본임금, 인센티브와 보너스를 제하고 한번의 경고처분을 받는다."라는 조항이 있으므로 정답은 C이다.

中山大学总裁高级MBA精要课程研修班

　　单次的听课只能带来思想的短暂冲击，系统的学习才能让每一次的头脑风暴真正转化成促进企业发展的强劲推动力！校园、班级、同学——久违而温馨的情谊，冰冷的商业社会中温暖的一角：纯净的校园、蓬勃的班级体、质朴而浓厚的同学情谊，是您疲惫征途中修整身心、加油充电的驿站！

　　学习方式：一年，每月授课2－3天，周末上课

　　授课方式：10门核心课程＋6门专题课程＋5门选修课程＋企业家沙龙＋实地考察

　　上课地点：中山大学

　　学习证书：按教学计划修完全部课程者，可获得"中山大学总裁高级MBA精要课程研修班"结业证书。

　　费用标准：36900元/人（其中学费31400元，杂费5500元，含拓展训练费、教材资料费、午餐费等）

　　报名程序：

　　提交报名表、公司文字简介、大专以上学历证明，交纳学费，提交报名资料（身份证复印件、名片、背书姓名的大一寸彩照4张）

　　报名热线：020-84112015 13924278526 报名表传真：020-84111484

중산대학교 최고 경영자 고급 MBA 핵심 커리큘럼 연수반

단순히 한번의 수업은 단지 생각에 잠깐의 충격을 가져다 주지만, 체계적인 학습은 비로소 매번 진정한 브레인 스토밍을 하게 만들어 기업발전을 촉진시키는 막강한 추진력으로 전환시켜준다! 캠퍼스, 클래스, 학우는 차가운 비즈니스 사회에서 따뜻한 한 부분이 되고, 오랜만의 뜨거운 정을 느끼게 될 것이다. 순수하고 깨끗한 캠퍼스, 생기가 넘치는 클래스, 소박하지만 깊은 학우간의 정은 힘들고 지친 여정에서 심신을 정비하고 충전할 수 있는 정거장이 됩니다!

학습방식 : 일년, 매월 2-3일 수업, 주말수업

수업방식 : 10개의 핵심 과목 + 6개의 특별 과목 + 5개의 선택과목 + 기업가 세미나 + 현장조사

수업장소 : 중산대학교

학습증서 : 교수계획에 따라 과정을 전부 이수한 자는 "중산대학교 최고 경영자 고급 MBA 핵심 커리큘럼 연수반" 을 수료증서를 받을 수 있다.

비용기준 : 36900위안/1인 (학비 31400위안, 잡부금 5500위안, 확장훈련비용, 교재 및 재료비, 점심식사비 등이 포함되어 있다.)

지원절차 : 지원서, 간단한 회사소개, 전문대이상의 학력증명을 제출하고, 학비를 납부하고, 지원자료(신분증 복사본, 명함, 뒷면에 성명을 기입한 1촌(= 약 3.33cm) 사이즈 컬러사진 4장)를 제출한다.

지원문의 : 020-84112015 13924278526   지원서 팩스 : 020-84111484

단어 短暂 duǎnzàn [형] (시간이) 짧다, 잠깐의 ㅣ 冲击 chōngjī [동][비유] 충격 ㅣ 系统 xìtǒng [형] 체계적이다

头脑风暴 tóunǎofēngbào [명] 브레인 스토밍 ㅣ 转化 zhuǎnhuà [동] 바꾸다, 전화하다, 전환하다

强劲 qiángjìng [형] 세다, 강력하다, 막강하다 ㅣ 推动力 tuīdònglì [명] 추진력

温馨 wēnxīn [형] 온화하고 향기롭다, 따스하다, 아늑하다 ㅣ 情谊 qíngyì [명] 정

商业 shāngyè [명] 상업, 비즈니스 ㅣ 蓬勃 péngbó [형] 크게 발전하다, 활기 있다, 생기가 넘치다

质朴 zhìpǔ [형] 소박하다 ㅣ 浓厚 nónghòu [형] 짙다, 농후하다, 깊다

疲惫 píbèi [형] 대단히 피곤하다, 대단히 지치다 ㅣ 征途 zhēngtú [명] 멀리 가는 길, 여행 길

修整 xiūzhěng [동] 손질하다, 정리하다, 정비하다 ㅣ 驿站 yìzhàn [명] 역참 (=정거장, 정류소)

考察 kǎochá [동] 현지 조사하다, 시찰하다 ㅣ 扩展 kuòzhǎn [동] 확장하다 ㅣ 提交 tíjiāo [동] 제출하다

缴纳 jiǎonà [동] 납부하다, 납입하다 ㅣ 寸 cùn [양] 촌, 치 [길이의 단위 1척(尺)의 1/10로, 약 3.33cm]

彩照 cǎizhào [명] 컬러 사진 ㅣ 热线 rèxiàn [명] 직통 전화, 핫 라인

92.

缴纳36900元后可以：	36900위안을 제출한 뒤 할 수 있는 것은:
A　听10门核心课程+六门专题课程	A　10과의 핵심과목 + 6과의 특별과목을 듣는다
B　不用再缴纳教材资料费	B　교재비와 재료비를 다시 제출 할 필요가 없다
C　可以不用周末上课	C　주말에 수업을 하지 않아도 된다
D　可以获得结业证书	D　수료증서를 받을 수 있다

해설　비용 기준에 "**36900元/人（其中学费31400元、杂费5500元、含拓展训练费、教材资料费、午餐费等）**"
"36900위안/1인학비 31400위안, 잡부금 5500위안, 확장훈련비용, 교재 및 재료비, 점심식사비 등이 포함되어 있다"는
문장을 찾을 수 있다. 그 안에 교재비와 재료비가 포함 되어 있으므로 다시 제출 할 필요가 없다. 따라서 정답은 B이다.

93.

从上面的文字可以知道，报名者应该具备什么条件？	위 글을 통해 지원자가 반드시 구비 해야 할 조건은 무엇인가를 알 수 있나?
A　必须为公司总裁	A　반드시 회사의 총재여야 한다
B　必须四年制大学毕业	B　반드시 4년제 대학을 졸업 해야 한다
C　必须具有大专或以上学历	C　반드시 전문대 혹은 그 이상의 학력을 갖 취야 한다
D　必须为中山大学学生	D　반드시 중산 대학교 학생이어야 한다

해설　지원 절차에 지원자가 반드시 갖춰야 할 조건이 상세하게 쓰여 있다. "**大专以上学历证明**"은 "전문대 이상의 학위 증명
서" 이므로 정답은 C 이다.

祁尔康牌裕康茸参胶囊

本品是以茯苓，枸杞子，黄芪，人参，马鹿茸为主要原料制成的保健食品，经功能试验证明，具有延缓衰老，免疫调节的保健功能。

【主要原料】人参，马鹿茸，茯苓，黄芪，枸杞子

【功效成分及含量】每100g含：氨基酸5.30g，总皂甙1.34g

【保健功能】延缓衰老，免疫调节

【适宜人群】中老年人，免疫力低下者

【不适宜人群】少年儿童

【食用方法及食用量】每日两次，每次两粒

【规格】0.3g/粒*40粒/瓶

【注意事项】本品不能替代药物

【贮藏方法】室温，密封，避光，置阴凉干燥处

【保质期】24个月

【执行标准】Q/GQS001-2007

【批准文号】国食健字G20041122

【出品商】甘肃祁连山生物科技开发有限责任公司

【地址】肃南县红湾寺镇迎宾路16号

【经销商】成都润馨堂药业有限公司

【地址】成都市温江区成都海峡两岸科技产业开发园海科路西段

【生产卫生许可证号】川卫食证字(2006)第510000-000051号

【保健食品GMP证书号】川SG039

【网址】www.sczct.com

【全国免费咨询电话】800-846-8532

　　본 제품은 복령, 구기자, 황기, 녹용을 주 원료로 제조하는 건강보조식품으로써 효능 테스트를 거쳐 노화를 늦추고 면역조절을 해주는 보건 기능이 있다는 효과가 입증됨.

[주원료] 인삼, 녹용, 복령, 황기, 구기자
[효능성분 및 함량] (100g)당 함량 : 아미노산 5.30g, 사포닌 1.34g
[보건 효능] 노화지연, 면역조절
[적용대상] 중 노년, 면역력이 낮은 자
[부적합 대상] 소아
[섭취방법 및 섭취량] 매일 2회, 매회 2캡슐
[규격] 0.3g / 1정 * 40정 / 병
[주의사항] 본 제품은 의약품을 대체 할 수 없습니다.
[보관 방법] 실온보관, 밀폐용기, 직사광선을 피하시고 그늘지고 서늘하고 건조한 곳에 두세요.
[품질보증기간] 24개월
[실(집)행 기준]Q/GQS001-2007
[승인번호] 국가 식약품 감독 관리국 G20041122
[제조원] 간쑤 치리엔산 생물 과학 기술 개발 유한 책임 공사
[주소] 쑤난현 홍완쓰진 잉뻰로 16번지
[판매상] 청두 룬신상 의약품 유한공사
[주소] 청두시 원찌앙구 청두 해협 양안 과학 기술 산업 개발원 하이커로 서쪽 구간
[생산위생허가 등록번호]사천성 위생 식약품 감독 관리국 (2006)제 510000-000051번
[보건식품 GMP 증서번호] 사천성 SG039
[인터넷 주소] www.sczct.com
[전국 무료 상담전화] 800-846-8532

단어　　**制成的 zhìchéngde** ~ 로 만들어진　Ｉ　**保健食品 bǎojiànshípǐn** [명] 건강 식품　Ｉ　**功能 gōngnéng** [명] 기능, 작용, 효능

具有 jùyǒu [동] 있다, 가지다, 지니다, 구비하다　Ｉ　**延缓 yánhuǎn** [동] 늦추다, 뒤로 미루다

衰老 shuāilǎo [형] 노쇠하다, 늙어 쇠약해지다　Ｉ　**免疫 miǎnyì** [명] 면역

调节 tiáojié [동] 조절하다　Ｉ　**功效 gōngxiào** [명] 효능, 효과

适宜 shìyí [형] 알맞다　Ｉ　**替代 tìdài** [동] 대신하다, 대체하다

贮藏 zhùcáng [동] 저장하다　Ｉ　**避 bì** [동] 피하다, 도망가다　Ｉ　**置 zhì** [동] 놓다, 두다

阴凉 yīnliáng [형] 그늘져 서늘하다　Ｉ　**干燥 gānzào** [형] 건조하다

经销 jīngxiāo [동] 중개 판매하다, 위탁 판매하다　Ｉ　**许可 xǔkě** [동] 허가하다, 승낙하다

咨询 zīxún [동] 자문하다, 상의하다　Ｉ　**婴儿 yīng'ér** [명] 영아, 젖먹이, 갓난아기

94.

<table>
<tr><td>

什么样的人可以服用本品?

A 小学生   B 运动员
C 老年人   D 婴儿

</td><td>

어떤 사람이 이 제품을 복용 할 수 있나?

A 초등학생   B 운동선수
C 노인   D 영아

</td></tr>
</table>

해설 적합 대상에 "중 노년" 그리고 "면역력이 낮은 자" 라고 나와 있으므로 정답은 C이다.

95.

<table>
<tr><td>

一瓶可以吃多久?

A 10天   B 20天
C 40天   D 一个月

</td><td>

한 병은 얼마 동안 먹을 수 있는가?

A 10일   B 20일
C 40일   D 한달

</td></tr>
</table>

해설 섭취 방법 및 섭취량을 보면 하루 2번 2정을 복용하라고 쓰여있다. 바로 밑에 있는 규격에서 총 40캡슐이 들어 있다는 것을 알 수 있으므로 "40÷(2X2)= 10"이다. 따라서 정답은 A 이다.

96.

<table>
<tr><td>

这种药是哪里生产的?

A 成都市温江区成都海峡两岸科技产业
   开发园海科路西段
B 肃南县红湾寺镇迎宾路16号
C 四川祁连山生物科技开发有限责任公司
D 温江市成都海峡两岸科技产业开发园海科
   路西段

</td><td>

이 약은 어디에서 생산 되었나?

A 청두시 원찌앙구 청두 해협 양안 과학 기
   술 산업 개발원 하이커로 서쪽 구간
B 쑤난현 홍완쓰진 잉삔로 16번지
C 간쑤 치리엔산 생물 과학 기술 개발 유한
   책임 공사
D 원찌앙구 청두 해협 양안 과학 기술 산업
   개발원 하이커로 서쪽 구간

</td></tr>
</table>

해설 판매상을 묻는 질문이 아닌 생산된 곳, 즉 제조원의 주소를 묻고 있으므로 정답은 B이다. C는 제조원의 명칭이다.

申请办理《北京市工作居住证》续签需提供的材料

拟申请续签《北京市工作居住证》人员在网上（人才引进工作居住证管理系统用户名登录填报）填报后需提供：

1. 企业法人营业执照[或事业单位法人证书、民办非企业单位登记证书（法人）、社会团体法人登记证书，外国(地区)、外埠在京设立的非法人分支机构营业执照]等原件及复印件。（复印件需加盖公章）

2. 与聘用单位签订的劳动合同（原件及复印件）；

3. 在京持证期间三年缴纳全部（每个月都不能少）个人所得税的完税证明原件（北京市地税局开据，加盖公章）（单位加盖公章，并注明"三年连续逐月缴纳"）；

4. 在京持证期间三年缴纳全部（每个月都不能少）社会保险（养老、失业、医疗、工伤）证明原件（社保中心开据）；

5. 《北京市工作居住证》原件；

6. 申请续签表两份；

7. 申请人员身份证原件及复印件（复印件需加盖公章）。

8. 诚信说明

9. 申请报告（介绍本单位的注册资本、员工规模、经营范围、上一年度营业收入、利润，介绍申请人学历学位学校专业情况，在本单位任职情况和对本单位的贡献，最近连续三年的个税缴纳情况和社保缴纳情况）。申请单位不能有拖欠职工保险的行为，一经查实，有虚报、瞒报的情况，取消该单位居住证办理业务。

<북경시 취업 거류증> 재계약 처리 신청시 필요한 서류

<북경시 취업 거류증> 재계약을 신청하고자 하는 자는 인터넷(인재 도입 취업 거류증 관리 시스템 가입자 명을 기입하고 등록) 상에서 기입한 후 반드시 제출 한다 :

1. 기업 법인 영업 허가증 [혹은 사업 기관 법인증서, 민영 비기업체 등기증서(법인), 사회 단체 법인 등기 증서, 외국(지역), 타 지역 재경설립의 비법인 지사기구 영업 허가증]등 원본 및 복사본(복사본은 반드시 직인이 있어야 함.)

2. 초빙 단체와 체결한 노동 계약 (원본 및 복사본);

3. 재경 거류증 발급 기간 3년간 납부한 전체의(1개월도 빠뜨려선 안됨) 개인소득세의 완납 증명 원본 (북경시 지방세무국이 발급하고, 직인을 찍어야 함) (업체 직인과 "3년 연속 매달 납부" 했음을 명기할 것)

4. 재경 거류증 발급 기간 3년간 납부한 전부(1개월도 빠뜨려선 안됨) 사회 보험 (양로, 실업, 의료, 산재) 증명원본 (사회 보험 센터 발급)

5. <북경시 취업 거류증>원본

6. 재계약 신청서 2부

7. 신청인 신분증 원본 및 복사본 (복사본은 반드시 직인이 있어야 함)

8. 신용증명

9. 신청보고 (본 직장의 등기된 자본, 직원 규모, 경영 범위, 전년도 영업 수입, 이윤에 대한 소개와 신청인 학력 학위 학교 전공 상황 소개, 본 직장 재직상황 및 직장에 대한 공헌, 최근 3년간의 세금 납부 상황 및 사회보험금 납부 상황) 신청직장은 직원들의 보험 미납행위가 있으면 안되며, 사실 조사를 통하여 허위나 숨기는 보고 상황이 있을 경우, 본 기업 거류증 처리 업무가 취소된다.

 居住证 jūzhùzhèng [명] 거류증

续签 xùqiān [동] (계약・협약 등이 만료된 후) 재계약하다

提供 tígōng 제공하다, 공급하다

用户 yònghù 사용자, 가입자, 아이디(ID)

登录 dēnglù [동] 등록하다, 등재하다, 기입하다

填报 tiánbào [동] 기입하여 보고하다

执照 zhízhào [명] 면허증, 인가증, 허가증

民办 mínbàn [동] 민간인이 경영하다

外埠 wàibù [명] 타 도시, 외지

分支 fēnzhī [명] 지사, 지부, 지점

盖公章 gàigōngzhāng [동] 직인을 찍다

聘用 pìnyòng [동] 초빙하여 임용하다

单位 dānwèi [명] 직장, 기관, 단체, 회사

签订 qiāndìng [동] (조약을) 조인하다, 체결하다

所得税 suǒdéshuì [명] 소득세

注明 zhùmíng [동] 주를 달아 밝히다, 상세히 주를 달다

工伤 gōngshāng [명] 산업 재해, 산재

诚信 chéngxìn [형] 성실하다, 신용을 지키다

注册 zhùcè [동] (주관 기관・학교 등에) 등록하다, 등기하다

利润 lìrùn [명] 이윤

个税 gèshuì [명] 개인소득세

拖欠 tuōqiàn [동] 질질 끌면서 빚을 갚지 않다

查实 cháshí [동] 조사하여 사실을 밝히다, 규명하다

虚报 xūbào [동] 거짓(허위) 보고하다

瞒报 mánbào [동] 숨기고 알리지 않다, 허위보고하다

该 gāi [대] (앞에서 언급한) 이, 그, 저

97.

拟申请续签《北京市工作居住证》人员
首先应该做什么？

A 提交企业法人营业执照的复印件
B 提交企业法人营业执照的原件
C 提交与聘用单位签订的劳动合同的复
　印件
D 在网上完成人才引进工作居住证管理
　系统用户名登录填报

〈북경시 취업 거류증〉 재계약 처리 신청 시 먼
저 무엇을 해야 하는가

A 기업 법인 영업 허가서 복사본을 제출한다
B 기업 법인 영업 허가서 원본을 제출한다
C 초빙 단체와 체결한 노동 계약서의 복사본
　을 제출한다
D 인터넷으로 인재 도입 취업 거류증 관리
　시스템에 가입자명을 기입하고 등록한다.

해설 첫 문장에 나와 있듯이 인터넷으로 인재 도입 취업 거류증 관리 시스템에 가입자명을 기입하고 등록한 후 반드시 제출 해
야 할 서류들을 나열 하였다. 그러므로 가장 먼저 해야 할 일은 "D 在网上完成人才引进工作居住证管理系统用户名登
录填报"이다.

98.

要缴纳的完税证明应该是：

A 三年以上的
B 须是北京市地税局开局的复印件
C 所在单位应该在复印件上加盖公章
D 原件上应该注明三年连续逐月缴纳

제출 해야 하는 완납 증명서는：

A 3년 이상의 증명서
B 반드시 북경시 지방 세무국 에서 발부한 복사본이
　어야한다
C 모든 기관은 반드시 복사본 위에 직인 찍어야 한다
D 원본에는 반드시 3년 연속 매달 납부한 사실
　을 상세히 달 것

해설 3번 항목에 보면 각 기관의 직인이 있어야 하며 반드시 3년 연속 매달 납부한 사실을 상세히 기재 할 것을 요구하고 있으므
로 정답은 D 이다.

99.

从上文可以知道社会保险应该：

A 包括养老、失业、医疗三项。
B 证明原件应该由所在单位开据。
C 证明原件可以去社保中心开。
D 北京市工作居住证原件已经注明。

위 글에서 알 수 있는 사회보험은:

A 양로, 실업, 의료 3가지 항목이 포함되어 있다.
B 증명서 원본은 반드시 소재되어있는 단체에서 발급한다.
C 증명서 원본은 사회보험센터에서 발급받을 수 있다.
D 북경시 취업 거류증 원본에 이미 상세히 밝혀져있다.

해설 사회 보험은 양로, 실업, 의료, 산재 4가지 항목이므로 A는 답이 될 수 없다. 또한 "증명서 원본은 사회 보험 센터에서 발급받아야 한다."라고 나와 있으므로 B도 정답에서 제외된다. 정답은 "C 证明原件可以去社保中心开" 이다.

100.

提交材料时下面哪项的原件或者复印件不需要加盖公章？

A 申请人的身份证
B 申请人的《北京市工作居住证》
C 申请人的个人所得税完税证明
D 所在单位的法人营业执照

자료 제출 시 원본 혹은 복사본에 직인이 필요 없는 것은?

A 신청인의 신분증
B 신청인의 〈북경시 취업 거류증〉
C 신청인의 개인 소득세 완납 증명서
D 소재된 기관의 법인 영업 허가증

해설 A는 7번 조항을 참고하자. "신청인 신분증 원본 및 복사본 (복사본은 반드시 직인이 있어야 함)"이라고 쓰여 있으므로 직인이 필요하다. C는 3번 조항에 "개인소득세의 세금 납부 증명 원본 (북경시 지방세무국이 발급하고,직인을 찍어야 함)"이라고 쓰여 있으므로 C 또한 직인이 필요하다. D는 1번 조항에서 찾을 수 있다. "기업 법인 영업 허가서 및 여러 원본이 나와 있고 마지막에 복사본에는 반드시 직인이 있어야 한다"라고 쓰여 있다. 따라서 정답은 B이다.